国家社科基金重大项目"新时期语言文字规范化问题研究"（12&ZD173）和教育部人文社会科学研究项目"面向多种媒体的当代汉语流行语跟踪研究"（11YZA740101）资助

面向多种媒体的
当代汉语流行语研究

夏中华 ◎ 著

A STUDY OF THE CONTEMPORARY CHINESE
POPULAR LANGUAGE
IN THE FACE OF A VARIETY OF MEDIA

中国社会科学出版社

图书在版编目(CIP)数据

面向多种媒体的当代汉语流行语研究／夏中华著.—北京：中国社会科学
出版社，2016.8
ISBN 978 – 7 – 5161 – 8767 – 8

Ⅰ.①面… Ⅱ.①夏… Ⅲ.①汉语 – 社会习惯语 – 研究 Ⅳ.①H136.4

中国版本图书馆 CIP 数据核字（2016）第 196891 号

出 版 人	赵剑英	
责任编辑	任 明	
特约编辑	李晓丽	
责任校对	李 莉	
责任印制	李寡寡	

出　　版	中国社会科学出版社	
社　　址	北京鼓楼西大街甲 158 号	
邮　　编	100720	
网　　址	http：//www.csspw.cn	
发 行 部	010 – 84083685	
门 市 部	010 – 84029450	
经　　销	新华书店及其他书店	

印刷装订	北京市兴怀印刷厂
版　　次	2016 年 8 月第 1 版
印　　次	2016 年 8 月第 1 次印刷

开　　本	710×1000　1/16
印　　张	12.5
插　　页	2
字　　数	205 千字
定　　价	60.00 元

凡购买中国社会科学出版社图书，如有质量问题请与本社营销中心联系调换
电话：010 – 84083683

目　　录

第一章　导言

流行语是一种特殊的语言形式，其自身的发展与特点有着很高的研究价值。国外学者对它的研究分为三个阶段：第一阶段是以日本著名的评论家大宅壮一对流行语的特点进行的研究为代表；第二阶段是以 1990 年美国的年度流行语开始由美国方言学会进行评选为代表；第三阶段是以英国、俄罗斯对流行语的研究为代表。我们国内对流行语的研究可分为初步探索和快速发展两个阶段。国内较早研究流行语的文献是蔡富有（1982）的《北京青少年口语中常用的表示赞美的单音词》，文章对流行语这一现象进行了分析，但是没有对流行语进行界定。在此之后很多学者对流行语进行了深入细致的研究，产生了很多学术成果，例如熊忠武（1992）的《当代中国流行语词典》、陈芳（1999）的《当代流行语》、郭大松（1999）的《1949—1999 五十年流行词语》等著作，这都为我们研究流行语提供了非常有价值的资料。随着社会的不断发展，进入 21 世纪后，国内开放程度日益加深，各个方面都得到了突飞猛进的发展，流行语得到了更多人的关注。更多的学者参与到了对流行语的研究中去，这方面的学术成果也不断涌现。夏中华（2007）的《中国当代流行语全览》对当代流行语做了全面系统的搜集与整理，此著作中不论是对词条的广泛收录、对词条的解释还是对理论的探寻，无不体现出其实践价值和理论价值。如今我们正处于一个多媒体发展的时代，流行语的传播途径也更加广泛，从传统媒体到网络媒体，流行语被大多数的人使用，根据调查与统计，流行语现在主要应用于网络媒体，网络媒体给了流行语更大的发展空间，也正是由于它的广泛应用引起了众多学者对它的重视，并做了深入细致的研究，例如崔颖（2010）的《网络流行语的模因论分析》、黄海波（2011）的《网络流行语的产生和规范问题探索》、殷朝美（2010）的《网络流行语对现代汉语词汇的影响》等。随着流行语的不断发展，年度流行语的评选也格外引人关注。从 2002 年开始，北京语言大学、国家语言资源监测中心开始对我国 15 家主流报纸的新闻语料进行分类统计，发布了年度主流报纸十大流行语，所以传统媒体中的流行语也逐渐得到人们的关注与认可。

一　研究的意义

流行语研究是汉语词汇学的重要课题之一，也是语言应用研究关注的热点话题之一。对流行语进行探讨有其重要的学术价值。

首先，从对流行语的分析中，我们可以看出当前社会转型时期汉语词汇系统的某些发展和变化，有利于推动汉语词汇学的研究向深度和广度发展；

其次，研究流行语在现代语言学理论体系建构和完善方面也有积极作用，它有助于科学地揭示语言的发展规律，建立新的语言观，由此必然导致语言研究视野的扩大和语言理论系统的进一步充实；

再次，本课题在研究过程中通过"田野工作"搜集到语料后，主要以微机这种现代化手段进行定量分析和统计，走从"定量统计"到"定性分析"的科学路径，这在语言学研究方法方面是一种新的积极尝试，无疑会对更新语言学研究方法，提高语言学的科学品位具有积极意义；

最后，研究流行语还有助于相关学科，如社会学、人类学、文化学等学科某些问题研究的进一步深入。

本课题的研究还有重大的实际应用价值。通过对流行语的跟踪研究，并进行积极的引导和规范，有助于社会语言生活既规范有序，又充满活力；有助于科学地制定国家语言文字政策法规，确保国家语言文字政策法规的贯彻，实现对其实施状况的监控；有助于探讨语言和社会生活、民族文化等的关系，具有社会学和文化学的积极意义；有助于领略现代科学文明的意蕴，认识特定历史时期重要的社会问题。

二　目前研究的现状和趋势

在国外，这方面的研究不仅取得了一批重要的成果，而且还引起了人们的普遍关注，有的国家设有专门研究机构，如法国国际法语委员会从20 世纪 70 年代初开始就有专门机构调查研究法语新词语和流行语。日本国语研究所也设有新词语部，负责新词语和流行语的搜集和研究工作。波兰、美国、德国、意大利流行语的研究也都很有特色。

同国外相比，我国流行语的研究起步较晚，但发展却很快。根据我们对 1980—2010 年文献搜集检索的结果，共有相关文献 2602 篇。在对搜集检索到的文献进行人工甄别后，除去有关流行语汇编的文章外，真正以流行语为讨论对象的论文共 572 篇。其中，20 世纪 80 年代仅有潘一（1985）发表于《青年研究》的《青年"流行语"初探》一篇，这是较早研究汉语流行语的成果。90 年代研究流行语的文章逐渐增多，以胡明扬等（1990）《70—80 年代北京青少年流行语》为开端，在 20 世纪末的十年时间里，搜集检索到的流行语论文共 34 篇，占三十年来流行语论文总数的 6%，其余 538 篇是最近十年的成果。可见，本世纪初是流行语研究的高峰。纵观 30 年来的研究成果，大多集中在以下方面：

1. 流行语的性质及与新词语界定的研究

目前人们对流行语的性质特点的认识还未能取得一致。郑荣馨（1994）的《略论社会流行语》认为流行语有广泛性、反复性、变异性、时间性；杨文全（2002）的《流行语的界说与初步描写》认为流行语有时效性、社群性、方言性等特点。还有人总结出流行语具有流行性、阶段性、高频性、层级性、能产性、不稳定性、类推性、隐秘性等多方面特点。夏中华（2012）的《关于流行语性质问题的思考》认为，流行语研究首先需要解决的一个问题就是确定流行语的性质。在以往的研究中人们基本认定的流行语特征涉及一定时间、特定范围和使用频率等。这其中值得重新认识的是特定范围这一特性，事实上并不是所有的流行语都有这一特性。流行语是一个历史范畴，它必然带有明显的时段性特征；新奇性是流行语的又一特征，也是其得以流行的重要原因之一；由于时段性和新奇性，就使得流行语的使用频率高于其他词语。时段性和高频性几乎是每个流行语都具备的，是流行语的主要特征，而新奇性是多数流行语所具备的，可以看作是流行语的从属特征。

流行语在某一时段会受到大家的喜爱和热衷，人们在这一时期会大大提高正在流行的流行语使用频率，甚至会把和正在盛行的流行语可能关联的事物现象都用这个流行语来表述，使得流行语在某一时期、区域内非常风靡。流行语出现迅猛，且流行时间较短，在被人们使用的时期之内都以新鲜时尚易学易用等特点占据优势。同时，一旦某流行语被认为已过时，该流行语的流行期便宣告结束，因而流行语容易被认为成新的语言现象。如此一来，流行语便和新词新语界限模糊，甚至被混为一体，在流行语研究中也有此类现象。例如劲松（1999）在列举流行语辞书时将台湾的《新词语料汇编》列入其中，并指出"流行语必然都是新词新语，新词新语则是流行语的基础。"①　但二者并不等同。

我们认为，新词新语也未必都流行，教育部和国家语委发布的新词语中很多都是使用频率较低的词语，如"恋检""零利肉"等。可见，新词新语未必都是流行语，流行语也未必都是新词新语，但却如周荐（2008）所说："流行词语和新词语之间存在着交叉之处，二者有一个交集。"②　那么如此说来，新词语和流行语之间的差别就是——既是流行语又是新词新语的部分。然而，对于这一观点，夏中华（2007）认为："从表面上看来，流行语跟新词语会有重叠，那是语言里经常有的事，任何语言跟别的都有大量看似重叠的部分，其实那是各个部分里特色比较不够鲜明的，还是有一些特色的。"③　并且还提出了一个重要的观点——"不是流行语不怎么流行了进入到新词语，新词语不管流行不流行。"④　关于流行语是否会变成新词语的问题，有人认为："流行语的发展前途只能有两种：一是消失，即在使用中被淘汰；二是被接纳，进入一般词汇。"⑤　应该说流行语是个动态的过程，要经历"显现——流行——消失"这样一个动态过程。

流行语和新词语的界定是一个很棘手的问题，两者之间的区分问题更是难题。正如劲松所说，"流行语必然是新词新语，或者说新词新语是流行语的基础"⑥。这一看法具有一定的代表性。诚然，作为对新事物或新现象的反映，相应的词语当然会应运而生，但新词语与流行语之间虽有交叉却并不等同。刘吉艳（2010）在《汉语新词群研究》中提到二者之间的区别时说："新词语与流行语最为明显的区别是在某一时间段上的使用频率的高低。""新词语和流行语的第二个区别是新词语具有全民性，并

---

①　劲松：《流行语新探》，《语文建设》1999 年第 3 期。

②　周荐：《〈中国当代流行语全览〉评介》，《辽宁教育行政学院学报》2008 年第 21 期。

③　夏中华：《中国当代流行语全览》，学林出版社 2007 年版。

④　同上。

⑤　沈怀兴：《汉语规范化求疵》，《语文建设》1992 年第 11 期。

⑥　劲松：《流行语新探》，《语文建设》1999 年第 3 期。

非只在一个地方流行，属于民族共同语的词汇系统，而流行语则一般在一定的地域范围或群体范围内流行"；"另外一个区别是新词语使用时间相对持久，而流行语单位时间上使用频率较高，但持续时间相对短暂。"①关于新词语和流行语之间的区别问题，这一说法还是比较受到认可的。同时值得强调的是，二者的区别固然有，但也不是那么绝对的。当在一定地域和群体内流行的流行语，由于自身的新颖性和表达功能强大，比较容易被大众接受时，被全民接受而变成新词语；相反，当新词语在某种条件下被人们高频使用时，也可能成为流行语。二者之间具有动态发展变化的关系。

不仅流行语和新词语的界限划分研究重要，同时流行语和新词语的跟踪研究也是十分重要的。流行语跟踪研究是国家语言文字工作委员会"十五"重大课题，由北京语言大学应用语言学研究所承担研究工作，主要任务是借助大规模动态流通语料库以及计算机技术手段和必要人工干预，对 2002 年和 2003 年以及 2004 年的 15 种主流报纸进行大规模定量和定性的统计分析，考察流行语在时间和空间上的分布状况，跟踪流行语的产生和传播，是流行语的发布更具科学性和权威性，并且从此进入定期、持续、滚动发布的正常轨道。夏中华（2007）在他的《中国流行语全览》中曾经说："流行语跟踪研究是语言应用研究的重要内容，其学术价值和意义表现在多方面：它不仅有助于推动汉语词汇学研究向其深度和广度进展，而且，在现代语言学理论体系建构和完善方面也有积极作用。它有助于科学地揭示语言的发展规律，进而促进语言研究视野的扩大和语言理论系统的进一步充实，补充和完善语言学及应用语言学的理论体系。"② 这说明流行语和新词语的跟踪研究早已受到了人们的重视，并且意识到了跟踪研究的重要性。

新词语与流行语是两个不同的概念，侧重的性质特点不同，新词语的本质特性是"新鲜"性，流行语的本质特性是"流行"性，但又有联系。对于同一个词语而言，它可能兼有新词语和流行语的双重身份，新词语的"新鲜性"与"流行性"的关系——以往的研究充分注意到流行性对新鲜性的消解，忽略了新鲜性对流行性的促发作用。

---

① 刘吉艳：《汉语新词群研究》，学林出版社 2010 年版。

② 夏中华：《中国当代流行语全览》，学林出版社 2007 年版。

2. 流行语的来源与生成研究

当代流行语及其生成是人类对当代社会、心理、文化因素顺应做出语言选择的结果。随着社会的发展，越来越多的流行语将不断涌现。当代流行语具有深刻的社会属性，是当代社会心理的表征和社会文化的反映，其构成、使用和传播必然体现语言词汇体系自身的特点与发展趋势。因此，当代流行语的研究具有语言学、社会学和文化学的价值。

从流行语的生成原因的研究角度来说，几乎所有与流行语有关的文章都认为流行语的生成和流行与社会的发展变化息息相关，基本都涉及了心理基础、文化因素和语言自身条件等原因。

关于社会发展方面的原因，比较一致的观点主要是认为社会经济的发展和商品经济的到来，不仅产生了大量的新生事物，同时也改变着人际之间的关系，也就是说社会发展的原因为流行语的生成和流行创造了重要的环境。劲松（1999）的《流行语新探》一文中也曾指出："流行语的流行心理基础包括创新心理、从优心理、逆反心理、自我呈现心理等。"并认为文化因素包括平民文化、地域文化、西方文化、封建文化等。①

关于流行语来源问题也是重要研究内容之一，是人们比较关注的问题。大多数研究流行语的学者从各自的角度进行分析。例如夏中华（2007）在他的《中国流行语全览》中曾将流行语的来源概括为：新造词语、外来词语、方言词语、固有词语、行业、专业用语、书面词语，并补充道，除上述外，"网络、报章书刊、影视作品、短信、歌曲及广告语等传播媒介也可以成为流行语的重要来源。"② 综合概括起来，流行语的来源有校园、网络、手机短信、广告、影视作品、流行小说、流行歌曲、相生小品、政治词语、方言词语（特别是粤语）、外来词语、新词新语等。同时值得大家注意的是，以上新词语的各种来源中校园流行语和网络流行语的研究最为突出，研究的程度也比较深，出现了大量的相关文章，这些文章不仅十分准确而全面地描写事实，而且几乎涵盖了流行语研究的所有方面，例如特点、形式、来源、产生方式、原因、规范等。比较有代表性的是杨文全、许艳辉（2003）的《试论校园流行语的特点及成因》，认为校园流行语引领着时代的潮流，最鲜明地体现校园独特的文化内涵。同时

---

① 劲松：《流行语新探》，《语文建设》1999 年第 3 期。
② 夏中华：《中国流行语全览》，学林出版社 2007 年版。

对校园流行语的特点进行了比较详细的论述,最重要的是文章谈到了校园流行语的来源问题,主要来源于电影、电视、广播、报纸、广告、网络和文学作品等大众传媒以及金融股市和国外等。① 可以说这篇文章比较详细地探讨了校园流行语的来源、特点及产生方式。曾青青、杨尔弘(2010)的《中国主流媒体流行语的特性分析》一文对2002—2008年发布的13次主流媒体流行语进行了统计,并将其产生原因概括为:政治经济生活催生、重大事件促使、科学技术引领以及多元文化诱发等。并对媒体流行语的词长信息、特点、变化趋势、分类等问题进行了相关研究,此外还有郝世宁(2008)的《从校园流行语看大学生的郁闷情结》,赵彦杰、赵永彬(2009)的《2008年汉英网络流行语折射出的价值取向》,程明(2010)的《流行语的来源及特征》等。

3. 既有个案研究,也有整体研究

个案研究是以个别流行语为考察对象,如韩娟(2005)的《幽默流行语的"审美疲劳"》、杨文全(2006)的《隐喻认知与当代汉语词义变异的关联过程》、徐时仪(2009)的《"暴""晒"以及"晒"的流行语义》、陈昌来等(2010)的《说流行语"×党"》等。整体研究是把流行语整体作为研究对象,大都从性质、构成、流行理据等方面对流行语分别进行研究,如劲松(1999)的《流行语新探》、钱乃荣(2002)的《论本世纪初流行的新词新语》、邹嘉彦等(2008)的《汉语新词与流行语的采录和界定》、伍凌(2009)的《网络流行语的构成方式及形成原因——以2008年网络流行语为例》、夏中华(2010)的《关于流行语流行的基本理据的探讨》等。

4. 从语言学交叉学科的多角度进行研究

如杨文全等(2003)的《汉语流行新词语的超常组合及其语用理据》、王全权(2007)的《从青年流行语看社会价值观的变迁》、郭丽娟(2009)的《从社会语言学角度看汉语流行语"不折腾"》、缪俊(2009)的《"山寨"流行中语义泛化与社会文化的共变》、郑颖琦(2009)的《隐喻认知在流行的单音节词语生成中的作用》、林荫(2009)的《"山寨"等流行语的认知语义解读》、潘泽泉等(2010)的《流行语与当代中

---

① 杨文全、许艳辉:《试论校园流行语的特点及成因》,《青海民族学院学报》2003年第3期。

国青年社会心态变迁》、谭燕等（2010）的《原型范畴理论视域下的流行语》、任炯等（2010）的《从模因理论视角看流行词语的衍生和语义变异》等，分别从社会语言学、语用学、认知语言学以及原型范畴理论、模因理论等角度来研究流行语。

5. 流行语的规范研究

当代流行语因具有新颖、鲜活、简洁的特性，不仅受到人们的欢迎，而且为丰富现代汉语词汇起到了积极的作用。不过，由于其动态性强，还具有多样化的特征及趋势，所以学者们不得不加强对其规范化的研究，以在保持流行语这种极富生命力的表达方式的同时，达到维护汉语文字的尊严并达到规范的效果。

关于流行语的规范问题是流行语研究的重点内容之一，出现了一些研究成果。例如曲彦斌（2007）的《"社会流行语"及其规范》指出："流行语属于多层面、多群体、多元化的言语时尚，是借以透析时尚风俗的'传真'语料。流行语的生成是社会文明的需要，理所当然要接受社会文明的规范。种种似乎很不文明的流行语，是现实社会生活个中不文明现象的直接反映，更是社会生活无序、不够规范状态的写照。历代的民间流行习语多有失之粗鄙庸俗的一面，乃至出现污染社会风尚的负面效应，所以其很少被采入规范的'雅语'。流行语的生灭，也同样应由促生它的社会去汰选，通过'辨风正俗'去约定俗成。"① 此外，这方面的研究还有曹春梅（2004）的《社会流行语与现代汉语规范化》、刘红松（2006）的《从流行语看词语规范》、王如辰（2008）的《大学校园流行语的特征及规范》、黄海波（2011）的《网络流行语的产生与规范探析》等。

从以上的分析来看，目前对汉语流行语规范方面的研究比之其他方面的研究还是比较薄弱的。当然，这与汉语流行语的特性是紧密相关的，同时也使我们了解到流行语规范化的研究的重要性。

6. 流行语造词法的研究

例如，陈发青（2008）的《汉语网络流行语造词法研究》一文基于汉语网络造词和汉语网络流行语的使用状况，将汉语网络流行语的造词法总结为四类：借用汉语造词法、借用英语造词法、借用汉语与外语及其互

---

① 曲彦斌：《"社会流行语"及其规范》，《辽东学院学报》2007 年第 5 期。

译之谐音法和自创独特造词法，共 14 种即借代法、比喻法、夸张法、象形法、叠字法、缩写法、词形变化法、外语谐音法、汉语谐音法、英汉组合谐音法、拆字法、符号法、别字法和字谜法。① 同时还有的文章不仅谈到了汉语新词语的造词法，而且还会试图比较汉语造词法和其他语言造词法的区别，在造词结构上找到一些各自的规则和特点，从而找出两国语言在流行语方面的共通点和不同倾向。例如，苗茨（2004）的《试析中日两国流行语的造词规则》讲日语造词法分为："直接引用外来语、新的汉语词汇、省略、原有词语的意义转换（借用）、原有词语的新组合、动词的派生、形容词的派生、名词的派生、更换表现方法、谐音、倒置、字母缩略语"；将汉语新词语的造词法分为"直接引用外来语、由日语词汇引入、缩略、转义、音译外来语并带有中文意义、外来语直译表示新义、谐音、比喻、动词的转义、形容词的转义、字母缩略语、由方言转化。"② 在分析了中日两国语言中的流行语的造词规则的基础上，作者通过对两者的共同点及其各自的特性进行了分析，找出两国语言在词汇结构上的一些规律性的东西。

可见，流行语的研究已成为语言研究的重要组成部分和热点课题，但目前仍是专门人才短缺，投入的力量也比较分散，就整体而言，一些重要论题的研究还不够深入，视野也不够开阔。特别是有的研究仍然囿于传统词汇学的旧框子，定性探讨较多，定量研究不够，理性分析和认识不够，尤其对多种媒体融合语境下的语言现象的监测跟踪研究还明显不够。

从严格的意义上来讲，想要准确地对语言的发展做出预测是不可能的。因为语言是约定俗成的，并且时时刻刻都受到外界因素的影响，因而对语言发展的准确估计是难以做到的。但是对当代流行语的发展趋势做出粗略、大致的预测，还是具有一定的可行性的。

1. 动态性和稳定性结合

一方面，流行语本身具有极强的动态特征，整个流行语系统是"与时俱进"的，这也是流行语本质属性。同时，也正因如此，也决定了流行语只能在一定的时期内流行，最后终被新的流行语所取代或者随着时代的发展而逐渐消失；另一方面，流行语还具有稳定性，当代流行语使用范

---

① 陈发青：《汉语网络流行语造词法研究》，《陕西教育》（高教版）2008 年第 11 期。
② 苗茨：《试析中日两国流行语的造词规则》，《日语学习与研究》2004 年增刊。

围之广、使用频率之高，以及其背后所依托的社会、文化等背景，都决定了身为语言体系一分子的流行语具有语言本身所固有的稳定性。

2. 能产性和创新性的加强

一方面，流行语折射出了社会中人们的审美体验、精神风貌和心理特征，反映了社会物质生产和精神生活，表现了百姓的多彩情感，发挥了人们对语言的创新能力。社会物质、文化的综合发展，推动了流行语的丰富和发展，流行语过去的发展轨迹显示了现代人越来越强的创新能力。另一方面，流行语模也将更加丰富，也就是将会有更多的围绕已有流行语形成的表述形式。这样就更加加强了流行语的能产性。

3. 形式更加多样化

社会上出现了新事物，人们产生了新思想、新概念，语言中就要有新词语来记载、来表达。而随着我国改革开放的进一步深入，随着全球一体化的进一步加强，随着现代人生活视野的进一步开阔，各种层面的交流和融合都有可能作用于流行语的形成和发展，从而使得越来越多的流行用语应运而生，最终也将会导致流行语的形式越来越新颖化、越来越多样化。

虽然关于流行语的研究已经取得了丰硕的成果，但是其研究仍旧存在着不足之处。在上述的分析中，我们可以看到大部分研究成果都是关于流行语的来源、产生途径等的研究，缺少关于流行语发展规律方面的理论探讨，因此专门研究流行语的著作也相对较少。另外，对流行语的研究角度应该更加开阔，不应该仅仅局限于社会语言学这一领域。最重要的是，流行语在社会上的流行速度十分迅速，怎样在其刚刚兴起之时就快速地判断是否属于流行语、是否应该在社会上推广使用，这就需要我们为流行语量身制定一套行之有效的判定标准。

针对上述问题，我们认为今后流行语研究应在以下几个方面得到加强。

1. 加强理论研究。特别是关于流行语本质及其发展规律研究的力度，尽快确立科学的理论体系。

2. 开阔研究角度。在对流行语的认识过程中，眼界应该开阔，研究角度应该多样，除了社会语言学角度外，还可以从语用学、修辞学的角度来看待流行语，同时尝试着借鉴词汇学其他方面的研究成果，例如新词语、字母词等，以促进流行语研究。

3. 关注新变化。流行语是一种动态现象，所以随之进行的研究应及时发现流行语的新变化，这样就必须快速准确地判断现代社会新出现的流行语，这需要我们有一套迅速判断是否为新词语的标准。

4. 注重规范化研究。从以上综述来看，流行语研究成果比较丰富，但大多集中在现象的单纯分析或者流行语的产生、来源等问题研究上，明显缺乏对流行语规范化方面的研究。我们不仅应该分析影响流行语的各方面因素，而且更应该在对数量庞大的众多流行语出现之后的规范和引导方面加大研究力度。

三　研究思路和研究方法

首先根据前期收集的语料确定流行语的范围，在此基础上，对每类流行语产生的过程进行梳理，分析其构成机制及其产生的动因；其次对多种媒体融合语境下的汉语流行语特点进行研究；再次从外部探讨流行语的社会文化语用功能及认知等问题；复次通过对现阶段汉语词语发展状况跟踪监测与对策研究，探讨流行语与语言发展规律、流行语与语言的规范和变异等问题；最后通过上述研究构建流行语研究理论体系。

20 世纪 80 年代以来，人们大多运用社会语言学的语言变异理论和方法来研究流行语问题，取得了一些成果，到了 90 年代，人们又以潜显理论来研究流行语。本课题研究目标设定为改革开放以来的当代汉语时段，以多种媒体（包括新媒体）为语料来源。借助上述两种理论方法，运用现代化的微机检索和统计手段，完善初步建成的语料库。将个案分析与综合研究、实证剖析与理论阐释等有机结合，侧重于流行语的定量和定性研究。

四　研究过程

我们对流行语的关注，开始于 2002 年。期间主持并完成了四个相关项目：2002 年获批的国家"十二五"语言文字应用研究规划项目"流行语跟踪研究"（YB105－63C），2005 年获批的辽宁省社科基金重点项目"网络新词语、流行语研究"（L05AYY003）和辽宁省人文社会科学重点研究基地项目"当代汉语新词语、流行语研究"，2011 年获批的教育部人文社科规划基金项目"面向多种媒体的当代汉语流行语跟踪研究"

（11YZA740101）。2007 年完成专著《中国当代流行语全览》（以下简称"全览"），由学林出版社出版。同年，以此和系列论文作为前三个项目的最终成果结题。

"流行语跟踪研究" 2002 年 10 月批准立项，至 2006 年年底已基本完成计划规定的项目目标和任务并按期结项。本项目在《国家语言文字"十五"科研规划及项目指南》中是"新词语、流行语跟踪研究"。批准立项后，教育部语信司王铁琨副司长指示我们这一课题组侧重在流行语研究方面，新词语部分由已批准立项研究的其他单位去做。因此，我们这个课题组在整个研究过程中，重点对流行语跟踪研究。但由于有些流行语与新词语难以明确区分，且有些词语又兼有流行语和新词语的双重性质，因此，课题的研究对象基本是以流行语为主，兼顾新词语。

纵观研究过程，本课题的研究大致经历了两个阶段：2002 年 6 月—2004 年 10 月，语料文档建立和理论研究阶段；2004 年 10 月至 2006 年 11 月，"全览"编撰和文件整理阶段。这种阶段的划分，只是在于说明不同时间研究内容的不同侧重点，实际上两个阶段的研究内容是不可分的，即第一阶段的语料文档建立和理论研究工作也为下一阶段的"全览"编撰积累语料，并理顺了"全览"编撰思路与原则；第二阶段的研究重心尽管放在"全览"编撰上，但对流行语的理论探讨也从未停止过，这期间发表了一批有关流行语研究的学术论文，而且这一阶段的文件整理工作实际是在对以往的理论研究进行系统的梳理。

课题研究前段工作主要是 2000 年以来流行语语料文档的建立和流行语问题的理论探讨。此间，通过人工调查方式搜集各种语料 5000 余条，初步建立了"流行语语料文档"，为理论研究提供了比较充足的语料基础，而且通过对搜集到的流行语语料整理分类，对流行语的一些问题也有了一些新的认识。

流行语研究的初始阶段，我们主要以社会学实证研究的方法，通过问卷调查、访谈等方式，搜集流行语语料并进行研究。我们的调查范围限于在锦的三所高校：渤海大学、辽宁工业大学、辽宁医学院，还有锦州市部分党政机关、事业单位，发出调查问卷 500 份，收回 389 份，召开 3 次座谈会，参加人数 67 人。我们先后在渤海大学中文系 02、03、04 级现代汉语课、语言学概论课上将搜集流行语作为作业。问卷调查的主要内容是（1）最为流行的 50 条词语。（2）流行语使用情况（包括使用原因、场合等）。(3) 对流行语的看法。此外，我们还通过《中国青年报》《北京晚报》《辽沈晚报》《青年文摘》等报刊、《五十年流行词语》《时尚词语》《1979—2001 流行语的演变》（《中国青年研究》2002 年第 5 期）等书文，以及当代流行小说、网络等汇集各方面语料。

这个阶段的研究工作遇到的主要问题是：

1. 流行语语料搜集后，因缺少必要的设备，词频统计等工作难以开展，影响了一些子课题的研究进展。此后，我们借用了其他科研单位或高校的语料库进行词频统计和分析。

2. 这个阶段语料的搜集方式，大多以被调查者的语感为标准，以人工拟定的流行语的提及率为依据。但我们感觉这种语料搜集方式有一定局限性，因为被调查者的语言表达特点、信息获得的范围、阅读兴趣及对词语的敏感程度等都会对流行语选定的科学性产生影响。在最后成稿交付出版时，商务印书馆、学林出版社等编辑都对一些词语是不是流行语问题提出过疑问。在课题研究的第二阶段，我们采取借助计算机技术和人工干预相结合的办法搜集选定流行语。

3. 在具体研究过程中，我们发现，仅依靠近几年的流行语语料的搜集与研究，是很难得出跟踪研究的结论的。因此，课题组拟定流行语语料出现的时间为 1978 年（即改革开放）以来，这样一来搜集语料的工作量明显加大，而且十年前的流行语语料搜集要比近十年的流行语语料搜集难得多。

在研究工作进入中期阶段时，中国传媒大学于根元教授建议我们在研究内容中增加词典编撰，我们接受了这一建议。自 2004 年下半年开始，课题研究进入第二阶段，主要工作是"全览"的编撰。这是一项实践性很强的工作，课题组从科研的角度出发，从两个方面开展课题的研究：一方面从研究实践的角度下气力做好编写工作；另一方面，从理论的角度深入探讨流行语中的各种现象，以理论指导实践，在实践中验证并充实理论。

2004 年 10 月，课题组确定编写人员，并开始着手编写工作。编写一本 60 多万字、3000 多条词目的"全览"是一个较大的工程，在两年半的时间里，从初稿到最后成型定稿，经过了七八次较大修改。

"全览"主要选取在某一时段内高频出现的反映社会生活的词语。原则上以"语"为主，适当选取一些确为流行的词和句；既收录在社会广泛流行，为多数人所熟知的词语，也收录在某一集群、某一行业中流行，一些人并不熟悉的词语；既包括流行的新造词语，也包括旧词的流行新义；既收录流行一段时间就消失的词语，也收录流行后转化为新词语，或基本固化到汉语词汇中的词语；既收录汉字记录的流行语，也收录部分字母流行语。至于一些数字流行语，由于篇幅及其他原因，在成书时删除了。

在编排体例方面，每个词条包括条目、注音、释义、例句和出处等。例句的选择除了注意能够准确表示词语的意义及用法外，还注意在所搜集的语料中分别选用出现时间相对较早和较晚的，以使读者了解此语流行的大致时间。

在编写"全览"的同时，我们从未停止对流行语问题的理论探讨。流行语的课题从一开始就明确了指导方针，必须站在理论的高度来审视流行语，同时也必须在编纂流行语的过程中不断充实现有的流行语理论。不过，由于流行语中存在着一定的不确定性和流行语研究的复杂性，我们的研究也有一些难以把握和深入之处。

在此阶段，我们在根据前期搜集的语料确定流行语的范围的基础上，着重对现阶段汉语词语发展状况进行跟踪监测，并对每类流行语产生的过程进行梳理，分析其构成机制及其产生的动因，并研究多种媒体融合语境下的汉语流行语特点以此探讨流行语与语言发展规律的关系、流行语与语言的规范和变异的关系等问题。在上述研究基础上构建流行语研究理论体系。

五　流行语词典编纂与例句选择

在课题研究的前段时间，我们主要完成了《中国当代流行语全览》的编撰，期间的体会有必要在此作以阐释。

流行语就是一定时期内在一定的语言社团中普遍流行的词语。流行语首先是在某个时期在一定范围内流行，然后随大众传媒以及人们的口头向其他地区扩散，有的流行语甚至风行全国被广大群众接受和使用，进入了全民共同语——普通话。当然，作为流行语其表现形式和语义内容应具有新颖性，不具有新颖性的词语一般很难流行。旧词新义的流行、新词的流行，主要是人们觉得它新奇。流行语的这些特点就决定了流行语大多数在使用上还不够稳定，所以，虽然"流行语是一种词汇现象"①，"但大部分流行语仍游离于一般词汇之外，不能包含在一般辞书之中。语言工作者不得不另行编纂辞书来收容这些词语。"② 如《最新流行语小词典》（上海辞书出版社 2002 年版）等，其中收录的大部分词语流行于人们的口头，但规范的《现代汉语词典》还没有收录。在辞书编纂方面，人们关注较多的是体例及内部释义问题，两者当中，又以后者为重。对于辞书中的例句问题探讨得不多。

流行语有它自己的特点，因此，为流行语词典的词条选择例句，与一般词典有所不同，总的说来，要经历两个层次的筛选以及六个原则的把握。第一层为基础层，应贯彻语句规范原则、时间合理原则和义例协调原则，这一层解决的是例句"对不对"的问题；第二层为高级层，需注意揭示语义原则、显现背景原则以及表明倾向原则，这一层是进一步的要求，解决的是例句"好不好"的问题。

（一）流行语词典的选例原则

流行语词典和其他各类词典一样，选择例句首先要看句子"对不对"。所不同的是，流行语词典除了一般词典所要求的语句规范原则外，还需考虑流行时间问题和义例协调问题。

第一，语句规范原则。拉迪斯拉夫·兹古斯塔在《词典学概论》中说"词典编纂者应该意识到，所有他写下的内容都会产生某些规范作用，"③"在某些方面，词典编纂者必须绝对意识到，他正在做有目的的规范工作，在正字法和读音方面明显地如此。"④ 所以流行语词典的例句在文字和语法方面要力求规范，这也是所有词典编纂的最基本要求。在此我们不再赘述。

第二，时间合理原则。流行语是对社会生活的动态记录，它往往反映一个特定时期内政治、文化、经济等方面的热点或焦点。流行语具有时效性的特点，时效性就是指流行语的流行是有一定期限的，有的流行语随着

---

① 劲松：《流行语新探》，《语文建设》1999 年第 3 期。

② 同上。

③ ［捷］拉迪斯拉夫·兹古斯塔：《词典学概论》，商务印书馆 1983 年版，第 399 页。

④ 同上。

所指称事物的产生而产生，也随着所指称事物的消亡而引退，如"文革"时期的流行语；有的流行语流行了一段时间后人们已不再觉得它有什么新奇，即使在交际中还有使用，一般也不再把它视为流行语，而把它当成语言中的一般词汇了。流行的词语可能在那段时间之前就已经存在，之后也许一直也没有消失。然而，真正具有例句意义的只有流行期内的句子。所以编纂流行语词典，一定要在特定的时段内选择例句，否则就失去了编纂的意义。比如：

1. 白衣天使

[1] 今年6月，福建省南平市延平区检察院查处了一起药品"回扣"窝案，有100多名"白衣天使"牵涉其中，涉案总额高达103万元。（《检察日报》2002/8/15）

[2] 在非典肆虐的特殊时刻，在抗击病魔的紧要关头，"白衣天使"舍生忘死，冲锋陷阵，科技人员临危受命，无私奉献，亿万中国人民同舟共济，共赴时艰，谱写了一曲万众一心，众志成城的壮歌。（《市场报》2003/5/14）

[3] 在近400个日日夜夜，他和其他10名军中"白衣天使"在这片贫困落后、疾病肆虐的土地上播撒着中国政府和人民的友谊与爱心，无怨无悔。（《三湘都市报》2005/5/3）

"白衣天使"之称由来已久，然而真正流行却源于2003年的"非典"事件，之后便从流行语中淡出，成为一般词汇。因而，结合流行时间而言，例[2]相对合适。

第三，义例协调原则。汉语词语往往义项丰富，但作为流行语被人们广为使用的常常只有那么一个或两个义项。因而选择例句必须注意和义项相协调，二者若不匹配，词条的编写就很成问题。主要要注意下面两种情况：

A. 一词多义。对于多义词条，应从不同角度来举例，以使人们更好地了解该词语的用法。多数流行语词义较单一，也有部分流行语有超过一个义项的，甚至有的流行语存在着两个对立的义项，这样我们在选取例句时要兼顾，有利于读者对词义的掌握。比如：

2. 零接触

[4] 今年初开始的 SARS 疫情，严重影响了人们的生活。为了远离非典，人们或多或少地"自我隔绝"起来，"零接触"成了人与人之间主要交流方式。（《搜狐财经》2003/5/16）

[5] ……走访活动中，教师分成五个大组，足迹遍布每一个村子，和家长心贴心，面对面。徐晓荣校长亲自带领一队老师，走访了10 多户贫困生家庭，和贫困生家庭"零接触"。尽管天气非常炎热，可是校长的到来、老师的嘘寒问暖是家长这个夏天里最清凉的一阵微风。（《建德教育》2006/9/4）

[6] 湖润镇群众与"红头文件"零接触。（《右江日报》2006/3/4）

"零接触"按照"零×"结构类推，可理解为"没有接触"，但"零接触"也表示"零距离接触"，即"亲密接触"的意思。通过例 [4] 和例 [5]，读者能够很明确地掌握"零接触"这两种互相对立的义项，而例 [6] 中的"零接触"，读者就不好确定其含义究竟是"没有接触"还是"亲密接触"，因而这样的例子就不适合作为词条的例句。

B. 旧词新义。对于"旧瓶装新酒"的情况要尤其注意，也就是说，已有的词语形式包孕新的意义流行起来，而流行的恰恰正是这种新的元素，此时若依旧有的义项选例，就大错特错了。比如：

3. 恐龙

[7] 此外，烈士公园还将举办"侏罗纪恐龙"展，展出以三叠纪、侏罗纪、白垩纪时期代表性恐龙为蓝本，运用现代声、光、电、外皮仿真等技术制作的仿真恐龙及人造景观，生动逼真地再现远古恐龙的形态。（《湖南日报》2005/4/28）

[8] 有没有考虑过，万一整容失败了，你可能会加入"恐龙"的行列？（《郑州晚报》2005/5/25）

恐龙本是中生代的一种爬行动物，体形各异，体重可达四五十吨。在网络流行语中，"恐龙"特指相貌丑陋的女子。例 [7] 映照的是"恐龙"的本义，例 [8] 才与其流行义项相协调。再如，"下课"原指学校里学生上完一节课后的例行休息，后被人沿用到体育界甚至很多领域，只要是曾经拥有某种地位、职务、岗位等，后来又失去了，都可称为"下课"。"下课"作为流行语指的是后一种意思，在选取例句时就要注意选取与流行义项相一致性的例句。

（二）流行语词典的释义原则

好的例句光是满足基础层的要求还远远不够，应当起到"锦上添花"的作用。词典释义的准确性是相对的，例句是释义的继续，它对释义应起到补充说明的作用，流行语词典中的例句应能有效地关联流行语所触及的社会文化生活方面，应显现出编者的态度倾向。因此，在高级层面上，我们通过以下原则来筛选例句：

第一，揭示语义原则。释义和例句是词典不可分割的两部分，释义概括语词的内涵，例句将抽象的释义具体化。好的例句应能较好地让读者从句中体会出流行语的基本意义。比如：

4. 跳水

［9］那么，今年等离子彩电会不会再度"跳水"呢？（《解放日报》2003/1/20）

［10］黑马奇瑞则是痛下杀手，将旗下车型整合为风云系列并上演价格跳水，降价幅度平均为15%，其中豪华型由11.68万元下调为9.98万元，东风雪铁龙随后也在4月将老款爱丽舍降价8000元。（《中国经济时报》2003/7/9）

单看例［9］，我们很难猜测出"跳水"一词的含义，而从例［10］中我们可以清楚地了解"跳水"的真意——指商品价格（或股票指数等）在数量上大幅度下降。从某种角度来说，例［9］仅仅只是"使用"了"跳水"这个流行语词，在揭示"跳水"的语义方面作用甚微。而例［10］中的事例和数据对理解"跳水"的语义很是有用，而且要比单纯释义更形象、更直观、更易理解。

例句也不能单纯地把词目当作符号包含其中，而应该从例句中真正体现出词目的内涵，比如：

5. 爱拼才会赢

[11] 这个世界，谁活得都不轻松，男人一天到晚拼事业，喊着唱着《爱拼才会赢》，看上去体面风光，其实是硬撑，不过那是没办法，谁叫他们是男人呢？（《家庭导报》2002/1/18）

[12] 与会的台商记忆犹新，去年 5 月，他莅汕参加"汕头台商协会成立 10 周年"活动时，曾高歌一曲《爱拼才会赢》。（《文萃》2002/7/9）

[13] 初识何灿德，其豪爽、诚信、实干的闽南人特点，和"爱拼才会赢""敢为天下先"的创业精神在他身上体现尤为突出。（《绿色时代》2004/6/25）

[14] 2 月 5 日大比分输给广东后回晋江，浔兴俱乐部董事长发现了队中的不妙情形，遂召开球队会议，他严厉批评了球队的不职业表现，要求他们在比赛中打出"爱拼才会赢"的精神来。（《东南早报》2006/3/8）

"爱拼才会赢"源于 20 世纪 90 年代叶启田演唱的同名歌曲《爱拼才会赢》。作为流行语它已经不再是单纯的歌名了，倡导的是积极进取、勇于拼搏的精神。而例[11][12]只是简单地把词目作为歌曲的名称，未能很好地揭示该流行语的语义内涵；例[13][14]则能较好地揭示"爱拼才会赢"的流行意义，是真正意义上的流行语例句。

部分流行语词义模糊，很难用确切的词语来表达，要准确把握词义就要借助于恰当的例句。比如："酷"，源自英语 cool，本义"清爽、凉快"的意思，引申为"冷漠、清高"。这个词是从港台传过来的，在流行过程中其意义逐渐泛化，凡脱俗超群或时尚前卫者都可以'酷'来形容，选取的例句就应从多方面体现该词的不同意义和用法。

第二，显现背景原则。"流行语具有显著的时代特征，流行语的研究必然要与社会变革和文化潮结合起来。"① 编纂流行语词典一定要注意将例句和特定的社会文化背景联系起来，要让人们在接受例句的同时唤起对

① 劲松：《流行语新探》，《语文建设》1999 年第 3 期。

相关社会文化背景的积淀和思考。比如：

6. 常回家看看

[15] 过节，别让"常回家看看"变成老人们的负担。（《解放日报》2002/9/28）

[16] 今年春节联欢晚会上，一首《常回家看看》一夜间唱遍了大江南北："找点空闲，找点时间，领着孩子，常回家看看，带上笑容，带上祝愿，陪同爱人，常回家看看……"（《教育艺术》1999/9）

"常回家看看"旨在呼吁做儿女的多行孝道，日常生活伸一把手，有暇时常和他们"唠叨唠叨"。但例[15]中的"常回家看看"所指已发生变化，有些子女每逢节假日就往父母家里"赶场子"，把老人的居室当作娱乐场所：搓麻将、唱卡拉 OK，老人既要管吃管喝，又要代为照看孩子。如此的"常回家看看"变成了老人的负担。对比这两例，例[16]恐怕只是做了简单引用，例[15]则动态地展现了流行语的语义变化，在体味变化的同时能更好地唤起读者对流行语已有的积累和思考。

第三，表明倾向原则。从社会的角度讲，流行的未必都是值得肯定的。所以，作为辞书的编纂者，在例句引用方面，要在客观反映现实的基础上明确区分"善"与"恶"，在符合上述基本原则的基础上，还应当尽量选用思想感情积极向上、合乎时代潮流的例句，要让例句为读者提供较好的导向性，起到一定的教育意义。比如：

7. 小姐

[17] 小姐阿青见有客来便主动招呼，问他洗头还是"捶背（即按摩）"，那人一句话不说就直接走进里屋的小隔间。（《南国今报》2005/6/26）

[18] 4 月 30 日，江北区公安分局治安支队在港华保健阁一房间内查获按摩小姐谢某为顾客彭某提供色情按摩服务，治安民警根据相关规定，对二人分别给予治安拘留 7 天和警告并处罚款 1000 元的处罚。（《重庆晚报》2005/5/13）

"小姐"的问题，国人多有耳闻，这是市场经济中滋生的不良事物。

比较而言，例［17］具有较强的引导性和教育意义，这也与党和政府的态度保持一致。

词典中例句的来源也很重要，我们认为，给流行语词目选例应采用引例，避免自撰例。自撰例仅凭个人的语感，主观性较强，往往不能反映词目的实际用法。引例一般能够较好提供词目的实际用法的确凿无疑的证据，如果所引的材料来源于权威性的载体，那么对该流行语词目的确定及义项的理解更具有无可置疑的作用。此外，引例不只是起到说明词义的作用，而且可使读者在社会文化上获得更多的信息。

人们常说词典是"无声的老师"，知识性、科学性、实用性是词典的三个根本要求。无论是语文词典还是百科词典，都力求最大程度上尽可能地为读者提供服务。我们的流行语词典编纂也是如此，即使是小问题，也要尽量全力解决，这是文章写作的初衷，也是编者的一种理念。

六　流行语的自动提取方法

流行语的自动提取涉及未登录词、短语的提取，以及对未登录词、短语和已有词语的时序特征分析。在未登录词及短语提取方面采用了互信息及邻接熵等字符串内外部多重量化指标确保流行语候选串的质量。在流行语的时序分布特征分析方面，利用词语的分布均匀度避免了高频词语对流行语提取过程中的干扰，并结合相对频率的历时变化实现流行语的自动提取。

（一）流行语候选串提取方法

流行语可以由词、短语、句子等不同的语言单位构成，而且部分流行语又与新词语存在交叉的现象。因此，部分流行语属于未登录词的范围，在大规模文本数据中跟踪、监测流行语的使用情况，就需要一套能够自动地识别流行语的方法。

一般来说，属于未登录词的流行语自身由多个词构成，而且其出现频率在某段时间内较高，可以通过统计流行语的频率这种简单的方法完成流行语提取任务。虽然该方法简单有效，但存在准确率不高的问题，该方法会识别出诸如命名实体、广告语等大量噪音数据。此类噪音数据会严重影响流行语的监测工作。为了避免单纯的字符串频率统计方法的缺陷，就需要使用更多、更为复杂的统计方法提取流行语。

在已有的统计方法中，有从字符串内部各组成单位结合紧密程度的角度进行度量的方法，如 t 检验、互信息、x^2 值、最大似然估计等 。除此以外，还有计算字符串外部边界的方法，借此体现字符串的独立性，如计算字符串的邻接熵。

根据流行语的特点，以字符串的互信息及左、右邻接熵为基础提取流行语候选集，然后再对流行语候选进行时序分析，考察每一个候选串在连续时间段内的使用频率。具体处理流程如下：

1. 预处理

预处理阶段主要包括对待处理文本进行断句、分词标注、去除停用词等处理过程。经过断句和分词标注处理后得到一个完整的、词与词分开的句子。然后利用词性标注信息和停用词表对分词后标注后的句子进行过滤。在过滤过程中，不仅要删除停用词，还要以停用词为分割符将分词标注后的句子拆解成多个组块。在提取流行语候选集的过程中，不仅可以防止句子中不相邻的词组合在一起，也可以减少无效字符串的产生。

2. 字符串重构

由于流行语存在由一个或多个词构成的现象，由多个词构成的流行语在分词后无法获取完整的流行语，所以需要对预处理后的字符串进行有序重组。综合流行语的特点，提取的字符串有以下几种类型：

（1）一元组

一元组也就是独立的词。

（2）二元组

二元组是由连续两个相邻的词构成的组块。

（3）三元组

三元组是由连续三个相邻的词构成的组块。

（4）四元组

四元组是由连续四个相邻的词构成的组块。

例如"爱咋咋地"分词后得到"爱""咋""咋""地"四个词，重组后产生三个二元组，分别是"爱→咋""咋→咋""咋→地"；三元组两个，分贝是"爱→咋→咋""咋→咋→地"；四元组一个"爱→咋→咋→地"

3. 互信息度量多元组内部的结合紧密度

利用互信息度量多元组内部各个子串之间结合的紧密度是衡量多元组能够成为流行语的一条内在标准。从统计学的角度看，多元组内部各词之间紧密度取决于各个词共现的频率。构成多元组的词共现频率越高，整个字符串的结合紧密度就越强，成为一条流行语的可能性就越大。罗盛芬等[①]对 9 种常用统计量在汉语自动抽词任务中的表现进行了考察，其实验结果表明互信息的抽词效果在所有 9 种统计量中最好，并且指出各统计量之间没有良好的互补性。所以，在一般情况下，可以单独选用互信息实现多元组的自动抽取。

互信息自身体现了两个变量之间的相互依赖程度。二元互信息是指两个事件相关性的量，公式如下：

$$MI(X,Y) = \log_2 \frac{P(X,Y)}{P(X)P(Y)} \qquad 公式（1）$$

如公式（1），X 和 Y 指的是两个相邻的词，$P(X,Y)$ 表示 X 和 Y 共现的频率，$P(X)$ 表示 X 单独出现的频率，$P(Y)$ 表示 Y 单独出现的频率。互信息 $MI(X,Y)$ 的值越高，表示变量 X 和变量 Y 之间的相关性越高，则 X 和 Y 组成组块的可能性就越大；反之，互信息的值越低 X 和 Y 之间相关性越低，则 X 和 Y 能够组成组块的可能性就越小。

由于在提取流行语的过程中不仅要度量二元组的互信息，同时也要计算三元组和四元组的互信息值，因此，以二元互信息为基础，计算多元组的互信息公式如下：

$$MI(w_n, w_{n+1} \cdots w_m) = \prod_{n=0}^{m} MI(w_n, w_{n+1}) \qquad 公式（2）$$

公式（2）就是分别计算一个多元组中的多个二元互信息，然后得到多元组的最终互信息。

4. 信息熵度量多元组的独立性

研究中借用信息熵的概念，用多元组的左右邻接熵表示一个多元组的独立性。通过互信息值获取到有可能成为流行语的多元组，其中部分多元组只是流行语候选串的子串，例如，在重组字符串过程中产生的"爱→

---

① 罗盛芬、孙茂松：《基于字串内部结合紧密度的汉语自动抽词实验研究》，《中文信息学报》2003 年第 3 期。

咋→咋""咋→咋→地"等，对于此类现象我们利用信息熵来度量多元组的独立性，以减少无效字符串对流行语监测的干扰。1948 年，香农借用热力学中"熵"的概念提出了"信息熵"①，这一概念解决了对信息的度量问题。热力学中的熵是表示分子状态混乱程度的物理量。信息熵用来描述信源的不确定性。当 X 是取有限个值的随机变量，X 取值 x 的概率为 $P(x)$，则 X 的熵定义为：

$$H(X) = - \sum_{x \in X} P(x) \log_2 P(x) \qquad 公式（3）$$

在语言研究中，Huang 等人②提出的判断一个字符串是否能够成为一个词的常用指标。邻接熵利用信息熵来衡量一个新词候选串的左、右邻字符的不确定性。

假设字符串 x 和字符串 y 表示新词候选串 s 的左邻字符串和右邻字符串，则新词候选串 s 的左邻接熵 HL（w）和右邻接熵 HR（s）的计算公式为：

$$HL(w) = - \sum_x p(x \mid w) \log p(x \mid w) \qquad 公式（4）$$

$$HR(w) = - \sum_x p(y \mid w) \log p(y \mid w) \qquad 公式（5）$$

当左右邻接熵的值高时，表示流行语候选串的左右邻接词的词种数越多、上下文越复杂、越不稳定，这样的候选串成为流行语的可能性越大。例如流行语"次贷危机"，在语料中"次"与"贷""贷"与"危机"的互信息较高，同时"次"与"危机"的左右邻接熵的值也比较高。而"贷"的右边相邻的字符多为"危机"，其右邻接熵的值较低。因此"次贷"无法构成一个完整的流行语候选串，但"次贷危机"的左右邻接熵都比较高，所以"次贷危机"更有可能成为一个流行语候选串。具体计算方法是分别计算候选串左右熵值，以左熵为例，统计指定候选串左边所有可能的词以及词频，计算信息熵并求和。

---

① Warren Weaver Claude E Shannon. A mathematical theory of communication. *Bell System Technical Journal*, 27（0）: 623 – 659, 1963.

② Jin Hu Huang and David Powers. Chinese word segmentation based on contextual entropy. In *Proceedings of the 17th Asian Pacific conference on language*, *information and computation*, pages 152 – 158, 2003.

（二）流行语时序分布特征分析

语言生活在一定的时间及空间体系中不断发展，所以流行语也有其独特的时间属性及空间属性。在时间轴上，流行语是动态发展的，这种变化体现为空间集合中分布参数的变化。而在时间轴上的每一个时间点上，词语本身是静态稳定的，在可划分的多个子时间点上计算词语的使用度、通用度、流通度等指标用以描述词语在时间序列上的变化情况。上述指标主要依赖词的频率，但词的频率与语料库的领域分布、时间分布关联度较大。虽然可以通过大规模的语料库减少领域分布对流行语提取的影响，但仅根据以词频为基础的统计指标，容易使使用频率高且各时间段使用频率变化小的常用词语混入流行语当中。所以我们使用俞士汶等提出的词语分布均匀性（Distributed Consistency，DC）[①] 作为基础指标来识别流行语。

1. 词语的分布均匀度

从时序的角度看，流行语在连续多个时间点出现的频率较高，而在其他时间点的出现频率相对稳定。根据这一特点，将包含流行语候选集的语料库词语集合 S 按照相同时间段划分为 n 个子集：$S_1, S_2, \cdots S_n$，设流行语候选串 w 在这些子集中的相对频率分别为 $F_1, F_2, \cdots F_n$，则分布均匀度 DC 表示词语 w 在各个子集中分布的均匀度。首先，根据公式（7）计算 F_1，$F_2, \cdots F_n$ 的均根方 res，然后根据公式（8）计算各子集频率的平均值 E，res 与 E 的商则定义为分布均匀度 DC，如公式（6）。

$$DC = \frac{res}{E}(0 < DC \leqslant 1) \qquad 公式（6）$$

$$res = \left(\frac{\sqrt{F_1} + \sqrt{F_2} + \cdots \sqrt{F_n}}{n} \right)^2 \qquad 公式（7）$$

$$E = \frac{F_1 + F_2 + \cdots + F_n}{n} \qquad 公式（8）$$

当词语的分布均匀度较大时，说明其在连续的时间序列中使用比较稳定，是一般词汇的可能性较大；反之，分布均匀度较小时表示词语使用不稳定，有可能成为流行语。如果一个词语在时间序列中使用不稳定，而且

[①] 俞士汶、段慧明、朱学锋、张化瑞：《综合型语言知识库的建设与利用》，《中文信息学报》2004 年第 5 期。

在多个时间段使用频率较高，则可以缩小流行语候选集的范围。

　　2. 流行语的筛选

　　计算流行语候选串的分布均匀度后，保留小于阈值的流行语候选串，并删除相对频率低于阈值的候选串。流行语在连续的时间序列中盛行的特征表示词语分布广、相对频率高、持续一定时间。也就是说，在连续时间内流行语候选串的相对频率高于阈值；流行语持续时间高于阈值；在邻近时间段内流行语的相对频率的变化幅度高于阈值；词语的分布均匀度小于阈值。满足上述四个条件便可视为流行语。

（三）基本流程

　　将语料按照媒体类型分类并在数据库中标注每个文本的时间标记。依据流行语的定义以及时序分布特征，从语料中自动提取流行语。流行语提取过程可划分为语料预处理、候选集提取、时序分布特征等三个步骤，分述如下：

　　（1）语料预处理

　　包括语料的抓取、存储具有连续长时间的历时语料。因此，要求每一个文本必须标注日期，并根据时间段将语料划分为多个子集。除此以外，再对文本进行分词标注、停用词过滤等处理。

　　（2）候选集提取

　　提取流行语候选集分为字符串重构、字符串内部互信息及外部邻接熵的计算。

　　（3）时序分布特征分析

　　计算流行语候选串在连续时间段的分布均匀度，过滤掉分布均匀度高于阈值的候选串。同时，过滤掉每个时间段相对频率低于阈值的候选串。

第二章　流行语的性质

我们在课题研究过程中，经常遇到的难点问题就是语料的取舍，而取舍不定的主要原因是对流行语难以准确定性，特别是与新词语等的划界标准。对此，劲松（1999）曾说过："对流行语的定性或者过宽，与俚语、黑话、谚语乃至新词术语混为一谈，于是失去了分类的意义和研究的价值；或者过狭，把流行语局限于某个地域范围，等同于某种社会方言，使得流行语的研究实际上与地域方言或社会方言研究重叠，失去了独立。此外，'流行'是一种动态现象，'流行'的时间和范围常常不好把握。流行语具有显著的时代特征，流行语的研究必须要与社会变革和文化潮流结合起来，做不好会失之浅显或流于庸俗。而且一定时期的流行语数量有限，进行微观或断代的研究比起其他词汇的分类研究困难要大。"[①] 这里涉及对流行语界定的要求和标准的问题，同时也提出为流行语定性是个难点问题。可见，流行语研究首先需要解决的一个问题就是确定流行语的性质。

一　流行语的定义

在以往的研究中，研究者从不同角度定义了流行语，如"流行语指的是在某些人中间，主要是在青少年中间广泛流行，过了一段时间又为新的词语所代替而悄然消失的词语"[②]。

"在一定时期、一定社群内被人们普遍使用的话语形式，一般为口语，带有一定的方言性，是一定时期内社会政治、经济、文化、环境及人们心理活动等因素的综合产物，并在传媒的推动下盛行的词、短语、句子

---

① 劲松：《流行语新探》，《语文建设》1999 年第 3 期。
② 胡明扬、张莹：《70—80 年代北京青少年流行语》，《语文建设》1999 年第 2 期。

或特定的句子模式。"①

"流行语是指某一时段或特定区域内广为人们传播的词语，它的侧重点在于流行，有一定的时段和相当的地域，侧重于它的内涵与效果。"②

"流行语是在某一时期、某一地域出现的广为流行且频繁使用的词语。"③

"流行语是指在某一时点产生并在一定范围内得以迅速传播并持续一段时间的词语。"④

从上述几个关于流行语定义中可以看到，人们基本认定的流行语特征涉及一定时间、特定范围和使用频率等。这其中值得重新认识的是特定范围这一特性。我们在对 1978 年以来的流行语跟踪研究过程中发现，并不是所有的流行语都有这一特性，而是占有一定比例的流行语具有普遍流行性，在本项目成果之一《中国当代流行语全览》收录的 3300 多条流行语中几乎三分之一带有普遍流行性特征。⑤ 应该承认，不同的流行语的流行范围是不同的。有的在局部地域或个别社会集团中流行，有的只在特定的人群中使用，有的遍及全国乃至全球，具有多数人使用的特点，如"次贷危机""甲流""新医改""房价调控""地沟油""二套房贷"等。当然，这种普遍流行绝非等同于基本词汇全民常用性，因为流行语不仅不具备常用性，而且也没有稳固性特征。常用性和流行性的根本区别就在于流行语的时段性。流行语大都具有反映大众生活的共同感受和人们使用语言中存在着的从众心理的特点，这一特点使得它在很大程度上具有普遍流行性。对此，劲松曾说过："从流行语的基本属性及其通行范围来说，将它限定为地域方言或社会方言的性质显然是不恰当的，虽然流行语常常发源于地域方言或社会方言，但像'国脚''前卫'之类的流行语就是由书面语转化而来的。当地域或社会方言的流行语使用的范围逐渐扩大，经过书面语的过滤，就可能成为普通话的流行语，比如'大哥大''买单'等。"⑥

---

① 杨文全：《流行语的界说与初步描写》，《新疆大学学报》2002 年第 2 期。

② 吕勇兵：《流行语的特点摭议》，《吕梁高等专科学校学报》2001 年第 4 期。

③ 张颖、马连湘：《流行语略论》，《学术交流》2003 年第 11 期。

④ 杨建国：《流行语的语言学研究及科学认定》，《语言教学与研究》2004 年第 6 期。

⑤ 见本章末附注。

⑥ 劲松：《流行语新探》，《语文建设》1999 年第 3 期。

在对流行语跟踪研究的过程中，我们发现，一些流行语之所以没有范围的限定而在多数人中流行，其原因是多方面的。首先，流行语是社会发展变化在语言词汇中的反映，每个时期的流行语都不同程度地反映着这个时期社会生活的主流，同时也反映着民生心态和大众文化。近年来，北京语言大学和国家语言资源监测与研究中心平面媒体分中心等单位联合发布当年中国报纸流行语，这些流行语真实记录了我国社会与国际社会当年走过的轨迹。错综复杂的世界、变幻万千的时政、跌宕起伏的经济、与时俱进的科技、新作频出的文艺、盛事迭现的体育、多彩和谐的社会生活、险象环生的突发事件以及纰漏"偶"出的社会问题等，都客观地映照了时代发展中出现的诸多社会现象，反映了现代化与全球化进程中的热点、焦点信息。如 2010 年 7 月 19 日发布的"2010 年春夏季中国报纸十大流行语"中，"房价调控"成为热点词汇，"上海世博会"名列第二。这些大多是人们切身感受或普遍关注的问题，所以，它的出现会被大多数人接受，使之具有普遍流行的性质。

方言之间的互相影响就会促使一部分词语成为在多数人群中流行词语。如北京话中的"歇菜""悠着点""有戏"，东北方言中的"忽悠""爱咋咋地"等，在普通话中成为流行语。再如"靓""毛毛雨"等也是从粤方言进入汉语流行语的。这样的表达方式原来在普通话中一般都有一个跟其同义或近义的形式存在，它们进入普通话后，因在形式、色彩上更具新颖性而成为流行语。这些词语超出以往自身存在的地域，在更多的人群、更广阔的空间流行使用。

不同行业、专业之间的文化交流也可以促使一些专用词语转为普遍流行的词语。流行语在流行之前，大多在某一领域、特定范围内使用，由于社会分工和协作使行业之间的联系更加密切和人们审美观念的从众性，使之超越了原来的使用范围，成为超专业、跨行业流行语，具有了全民性，流行开来。如"软着陆"原指人造卫星、宇宙飞船等利用一定装置，改变运行轨道，逐渐减低降落速度，最后不受损坏地落在指定地点。在流行语中常指社会经济经历高速发展后通过一些调控措施进入正常发展期。

不同的时期，某些社会现象或观念的升温也会使一些原来不为大多数人注意的专业、行业用语流行开来。特别是随着信息技术的发展，大众媒体影响力的增强，很多专业、行业用语进入媒体，走进大众生活中，几近家喻户晓。"枪手"原为军事用语，指持枪的士兵或射击手，成为流行语后增指考试时作弊冒名顶替别人答题者。"前卫"原指军队行军时担任警戒的部队或足球、手球等球类比赛中担任助攻或助手的队员，位置在前锋与后卫之间。在流行语中有了新潮、走在时代前面的意思。通过对近几十年汉语流行语的跟踪研究，我们看到在汉语流行语中专业、行业用语的比例有逐渐增加的趋势，特别是许多与电脑和网络技术有关的术语日益流行，很多网络用语已成为虚拟社会的流行语。

此外，一些词语的普遍流行也与人的从众心理有关。由于从众心理的缘故，人们常常模仿社会上一些新奇的生活方式和语言形式，以达到追求时尚，获得社会认同，求得心理平衡等目的。特别是流行语的新颖奇特取代了以往陈旧一贯的表达方式，给人以标新立异之感。在这种情况下，就很容易满足人们普遍的共同的心理需求，并为社会所承认、接受。

可见，"流行语的流行范围从整体来说，只可能存在两个层次：一个是普通话的流行语，具有全民性；另一个是地域的流行语，具有方言性"[1]。正因为如此，我们认为，一定范围或特定区域很难作为流行语的本质特征，至少它不是多数流行语普遍具备的主要特征。因此，不能作为流行语的定性依据。如果依据特定范围为流行语定性，那么，近年来北京语言大学和国家语言资源监测与研究中心平面媒体分中心等单位联合发布的流行语中90%以上都不能称为流行语。

二 流行语的鉴别

在项目研究中，我们深深体会到，收集研究流行语的过程，实际上是对流行语确认的过程。流行语的界定是一个非常棘手的问题，特别是与新词语等的区分更是难点。如同所有的生物个体发展一样，语言中每个词语都有其生命周期。就此而言，流行语与新词语有着明显的区别。流行语是一个动态的过程，大都经历"显现—流行—潜藏"这样一个过程。"流行语的发展前途只能有两种：一是消失，即在使用中被淘汰；二是被接纳，进入一般词汇。"[2] 而新词语，按照侯敏的观点，大都经历"起始—发展—成熟"这样一个过程，"1. 起始阶段，这一阶段新词语刚刚产生，在

---

① 劲松：《流行语新探》，《语文建设》1999 年第 3 期。

② 同上。

分布上属于偶发，频次较低，在词汇系统中基本不占据什么位置；2. 发展阶段，这一阶段新词语使用频次增加，不断扩大自己的分布空间，逐渐进入准词位；3. 成熟阶段，这一阶段新词语慢慢消失"新"的色彩，进入词位，在语言的词汇系统中占有一席之地。从起始阶段，到发展阶段，再到成熟阶段，不同的新词语在时间上的表现是不一样的，有的可能很长，有的则很短。年度新词语能进入成熟阶段的不是很多，大部分都处在起始或发展阶段，其中有相当一部分是短命的，可能没等进入成熟阶段就从语言中消失了。"① 这里提到"相当一部分是短命的，可能没等进入成熟阶段就从语言中消失了"的词语，其中相当一部分就是流行语。比如，在 2007 年度新词语中，"纸馅包子""蕉癌""周末忧虑症""奥运沙"等出现的时间并不长，以后也可能不再会出现。

　　在对流行语语料取舍的过程中，我们对流行语和新词语的区分问题曾费尽心思，并多次请教有关专家。于根元在为项目做成果鉴定时指出："关于界定，有个比较好的认识就行。不一定都同意别人的看法…… 从表面看来，流行语跟新词语会有重叠，那是语言里经常有的事，任何语言跟别的都有大量看似重叠的部分，其实那是各个部分里特色比较不够鲜明的，还是有一些特色的。文学作品语言、法律语言、网络语言、儿童语言里都有跟生活用语重叠的部分，但是在文学作品语言里属于文学作品语言，在网络语言里属于网络语言。不是流行词语不怎么流行了进入到新词语，新词语不管流行不流行。语言生活跟许多人的用语共振，新词语是新共振的部分，流行语是一时一些人群密集共振的部分。有的词语除了这个领域可以也在别的领域使用，那是另外一个题目。"在研究过程中，我们也切实感受到这一问题的难度。但我们还想通过这些流行语反映 1978 年以来中国社会生活的发展变化，特别是作为理论研究的语料，因此，对以前确实流行一时，但后来又起死回生的词语，我们仍然保留下来了。

　　之所以这样做，我们认为，流行语的发展前景或是高频使用一段时间后潜藏下来，或是固化到语言词汇中。对于所谓潜藏下来的流行语而言，由于汉语是有文字的语言，它仍被保留到文献中，虽然基本不用了，但还能看到，有时人们在回顾历史，或做某种比喻时还会用到，流行语的潜藏

---

① 侯敏：《关于新词语编年本编撰的思考》，《辞书研究》2010 年第 2 期。

不可能像生物消亡那样一去不复返。至于固化到语言词汇中的某些流行语（此时，人们一般将其归入一般词汇的新词语），在某一时段毕竟为人们高频使用过，是那个时段的流行语，对此，我们应该从唯物史观的角度去思考问题。

三　流行语的时段性

基于上述考虑，我们认为流行语的首要特征是时段性，这也是流行语与新词语的主要区别。

流行语是一个历史范畴，是在一定时段内为人们普遍使用的词语，它必然带有明显的时段性特征。没有长久流行的流行语，如果长期存在就不是流行语了。流行语都是在一个时期显现出来，之后或者潜藏下来，或者进入一般词汇。流行语是特定时期社会变革、文化发展及人的心态的写照。它受到一定时段内社会生活和人的心态等因素的影响和制约。因此，任何一个时期都有它的特定的流行语，流行语总是在一个特定的时段内。在这个特定的时段内，流行的时间有长有短。有相当一部分流行语生命力极弱，如同昙花一现，在很短时间就不再使用了，这些流行语大体是流行时尚的标签，如"钓鱼执法""3G 牌照发放""犀利哥""呜呜祖拉""我爸是李刚"等；而有的流行语由于各种原因，持续时间比较长，如"中国制造""家电下乡"等。但一般来说，这个过程是比较短暂的，没有十几年，甚至几十年的流行语，原有的流行语总要被新的流行语所替代。"文革"时期受当时政治环境影响的流行语是"千万不要忘记阶级斗争""解放全人类""世界上还在三分之二的受苦人""与天斗其乐无穷，与人斗其乐无穷"等，"文革"后拨乱反正，这些词语就不再流行了。改革开放后，在不同时段也有不同的流行语，如"实践是检验真理的标准"等流行于 20 世纪 70 年代末期，"从我做起，从现在做起""团结起来，振兴中华"等流行于 20 世纪 80 年代初，"体制改革，转轨变型""实现自我价值"等流行于 20 世纪 80 年代中后期，"上山""下海""献爱心""自费上学，自主择业"等流行于 20 世纪 90 年代前期，"跨世纪"等流行于 20 世纪 90 年代后期，"我问故我在""向奥运移动"等流行于本世纪初。而"世博会""山寨""烂尾楼""很傻很天真"等流行于当下。这些流行语的流行时段正是这些现象或观念在社会成为热点盛行之时。

流行语是折射社会生活的一面镜子，与社会存在着千丝万缕的联系和互动，而且往往能透视出各种隐藏着的深层次的社会动机和文化心态。社会生活的各种变化都会在语言中反映出来，流行语则是反映社会生活变化的放大镜和聚焦点。特定的时代、特定的社会产生特定的流行语，与社会热点相关的流行语伴随着社会热点而流行。如果这一社会热点不再成为热点，相关的词语也就不再流行。我们理解分析流行语必须建立在认识流行语所处的时段的基础上，如理解"国十条"，就应该了解我国2009—2010年间房地产业的形势，此间，部分城市房价、地价出现过快的上涨势头，投机性购房再度活跃，为此，国务院办公厅发布"关于坚决遏制部分城市房价过快上涨的通知"，五大项共十条措施以遏制部分城市房价过快上涨，解决城镇居民住房问题，并以此成为房价降温的拐点。最能体现流行语时段性特点的是与社会事件相关的词语，20世纪90年代，《上海宝贝》的出现引起了人们的争议，于是"……宝贝""美女作家"就成了流行语。美国总统克林顿桃色事件出现后，"克林顿""莱温斯基"便成了流行语。

语言是处于动态发展变化中的，语言不断发展变化的过程也就是自我调节的过程。语言生活的丰富多彩是语言发展的源泉，旧的语言现象常常被新的语言现象所取代。流行语的时段性也正折射出语言发展的这一规律。流行语反映了人们的审美体验和心理特征，反映了社会生活的多样化，也反映了人们对语言的创新能力。流行语的创新又可以推动语言的发展，而且是丰富和发展语言的重要动力和途径。

从流行语的发展演变规律看，流行语产生后，有的继续留存在语言词汇中，为人们使用，有的则潜藏下来。留存下来的流行语有的丰富了语言词汇，填补了词汇系统中的某方面空白，进一步发展成语言词汇中新的增长点。如"幸福指数""科学发展观""低碳"等；有的用于叙述历史事件，如"阿富汗增兵""海湾战争""鹤岗矿难""收购沃尔沃""南非世界杯"等；有的具有鲜明的时代特征，如"文革"时期的"斗私批修""抓革命，促生产"等。生命力较弱的流行语大多流行时间很短，作用范围较小。因此，这类流行语因使用频率逐渐降低而直至潜藏下来，它们通常是时尚的产物，凭其语义的新鲜或形式的新颖得以流行，但显现时间较短。

四 流行语的新奇性

新奇性是流行语的又一特征，也是其得以流行的重要原因之一。

流行语表现出语言的创意性。"新"，因为新事物、新观点的产生需要新说法，所以流行语往往以极富时代特色和贴近生活的鲜活口语形式表现出来。如"玩的就是心跳""想说爱你不容易"等。同时，当代社会人的创新意识普遍增强，在使用语言过程中，人们已不满足于现成的语言模式，各种新奇别致的表达方式不断涌现。而流行语以简洁、明快，新奇的方式达到表达效果，也是社会的实际需要。对此，有些学者曾做过这样的分析："'新'大致体现在三个方面：第一是结构新，比如北京话的流行语'玩一把''爱你没商量'等，上海话的流行语'勿要忒……''拎勿清'等；第二是语义新，比如北京话的'铁''款儿'等；第三是感觉新，不少流行语借自外地方言或外国语言，比如北京话借自港台的'酷'、借自东北方言的'造'、借自英语的'拜拜'。"（劲松，1999）"奇"不是怪异，而是人们心态和性格的一种反映，它表现出语言使用者的个性追求，标新立异。追求个性的独立是当代人、特别是流行语的主创者青年人的主体意识。

语言是人的语言，人又是能动的主体，这种能动性在很大程度上体现在语言的使用中经常被创新。流行语的产生，就是人创造性使用语言的结果。这种创造性使用语言，或者产生一些新的形式，并赋予这些形式一定的意义，例如美眉（女孩子的别称）、宅女（不爱出屋的女人）、蜗居（为了买房而沦为房奴）、秒杀（瞬间击杀，是电脑游戏流行词）、富二代（80年代出生、继承上亿家产的富家子女）、裸婚（不买房、不买车、不办婚礼甚至没有婚戒的而直接领证的婚姻）、裸考（没有做任何关于考试的准备，直接赴考）、囧（郁闷、悲伤、无奈、无语）、剩女（现代都市女性，拥有高学历、高收入、高智商、长相好，择偶要求比较高，导致在婚姻上得不到理想归宿的大龄女青年等，都是通过这样的构造方式实现的。或者赋予一个旧的形式以新的意义，流行语中也有很大一部分是这样构成的，坐（抢）沙发（网络第一个回帖了的人）、晒照片（拿出来大家看看，分享）、顶（支持）、雷人（惊吓，被吓到了）、杯具（悲剧）、洗具（喜剧）等都是如此。

　　追新求异是人的普遍心理，新的语言表达方式更容易受到人们的关注，引发人们的好奇心。一方面，流行语可能反映的是社会的新现象，受到人们的普遍关注，如"被就业""楼歪歪"等；另一方面，流行语本身的新奇，或者构成形式是新的，或者语义是新的，或者构成形式和语义都是新的。这些都迎合了人们的追新求异的心理，人们乐于接受并高频使用，这是流行语出现的一个主要原因。追新求异是人的一种心态，使用语言通常也有这种心态。语言使用者追新求异的心态是语言发展的积极动力，它使语言保持着鲜活的生命力。现代社会，新事物层出不穷，新形式、新用法不断出现，在追新求异的心理驱使下，人们更乐于接受新的语言形式、新的词语、新的用法。

　　但新奇的流行语应该与新词语相区分。流行语必然都是新词语，即使是起用旧词，也是新义流行，如"热"本指温度高，现在做某些词的后缀，形成流行格式"××热"，如"足球热""英语热"；或者做某些词的词根，形成流行格式"热×"，如"热销""热线"等，用来指令人关注或受人欢迎或普遍流行的某种热潮。再如"小姐""泡沫""充电""猪头""出台""热处理""来电""冲浪"等。但新词语并不一定都是流行语。如"创业板""节能减排""微博"等，这些词语虽然也新，但只是一般词语，而不是流行语，因为它们还缺乏流行语的其他特征。

五　流行语的高频性

　　由于流行语的时段性和新奇性，就使得流行语的使用频率高于其他词语，因为集中出现在特定时段内，或者标示的事件、观念是人们普遍关注的，或者是使用者喜闻乐见的，所以人们就经常使用。

　　高频性是流行语的主要特征之一，不过，对于不同流行语来说，这种高频性又有所不同。普遍流行的流行语，主要受流行语所代表的事件、现象、观念等流行的时段限制；而带有方言性质的流行语，其使用频率不仅受时段的限制，而且更受到地域或语言社团等的限制，离开这样的限制条件，在一个更大的时段内、更大的地域内或更多种类的语言社团内，流行语并不具备高频使用的特点。例如校园流行语只在学生中高频使用，在其他语言社团中很少有人使用。

　　社会变革速度加快的时候，流行语出现得也最多，使用的频率也相对较高。语言词汇与社会生活共变的理论在流行语中体现得极为明显，流行语反映社会生活变化最积极最准确最快速。进入新世纪以来，快速发展的社会有着开放性和高效率的显著特点和实际需求，因此，近几年流行语日益增多，使用频率也更加提高。

高频性是我们判断流行语的主要依据，研究者在筛选确定某一时段出现或使用的词语是否是流行语时，大都以测定的词频为依据。特别是那些与新词语极易混淆的流行语，由于它们同时具有流行语和新词语的双重特征。我们的区分依据是它们使用的时段性和高频性。一般地说，流行语在经过一段高频使用后，或者潜藏，或者低频使用，而新词语即使在形成的初始阶段，其使用频率也不及流行语。特别是一些新词语出现后，经过一段时间的流行普及，很快会固化到语言词汇系统，成为一般词汇成员，甚至有的成为基本词汇成员。

综上所述，作为在一定时段内高频使用的新奇的语言形式，流行语具有时段性、新奇性、高频性等特征，这是我们判断区分是否是流行语的主要依据。需要说明的是，在这些特征中，时段性和高频性几乎是每个流行语都具备的，是流行语的主要特征，而新奇性是多数流行语所具备的，但不是所有流行语都有的特征，可以看作是流行语的从属特征，这在我们的流行语分项统计中可以证明这一点。①

流行语性质问题是流行语研究乃至词汇研究中的关键问题之一。"流行语长期以来没有受到语言学界的应有关注，是因为对流行语的性质缺乏正确认识。"② 由于语言词汇的复杂性，也由于流行语和新词语相似点较多，二者之间有时难以明确划分，且有些词语又具备流行语和新词语的双重性质，探讨流行语的性质问题确实存在相当的难度。但是，作为一种语言现象和文化现象，流行语是客观存在的事实，应该受到深度关注。应用语言学研究不能仅仅停留在客观的描写上，而应该在此基础上加强理论探讨，对流行语性质问题的探讨，不仅可以解决流行语与新词语划界问题，有助于推动词汇学研究向其深度和广度进展，同时，流行语的出现与语言的发展指数有关，在促进社会语文生活的和谐发展，科学地揭示语言的发展规律，补充和完善语言学及应用语言学的理论体系等方面也有重要的学

---

① 见本章末附注。

② 劲松：《流行语新探》，《语文建设》1999 年第 3 期。

术价值。

　　附注：

　　在项目研究过程中我们对流行语特征的分项统计结果如下：

特征	时段	新奇	高频	区域	人群	其他
百分比（%）	100	81	99	29	47	15

说明：

（1）统计源自夏中华主编《中国当代流行语全览》（学林出版社 2007 年版）所收 3300 余条流行语。

（2）流行时段约一年。

（3）新奇包括形式新、内容新、形式和内容都新、旧形式新内容等。

（4）人群包括行业、专业及特定人群等，如校园流行语。

（5）其他包括俚俗、语体及模糊特征等。

第三章 流行语流行的基本理据

在研究过程中，我们重点对改革开放（1978）以来的汉语流行语跟踪研究。在研究的初始阶段，我们主要以社会学实证研究的方法，通过问卷调查、访谈等方式，搜集流行语语料，同时运用语料库进行词频统计和分析，借助计算机技术和人工干预相结合的办法搜集选定流行语 5000 余条。在整个研究过程中，我们从未停止对流行语问题的理论探讨。流行语产生和流行的基本理据的探讨就是我们研究的理论问题之一。对于这个问题的探讨，不仅使研究站在理论的高度来审视流行语，充实和完善现有的流行语理论，而且对于研究语言词汇的发展规律，考察语言符号的社会性，丰富和发展应用语言学和社会语言学理论更有积极意义。

语言作为人类交际活动中使用的最为复杂的符号系统，其发展变化的致因同样是极为复杂的，正是众多因素互相作用，最终形成了影响语言发展变化的基本机制。要弄清流行语的来源，也需要在这种种复杂的因素中考察。

一 社会政治、经济的发展变化

语言始终处于不断发展变化中。其过程是一个自我调节的过程。流行语作为一种语言现象，它的出现当然要受到语言自身发展规律的制约。这种制约可能是多方面的，但主要的还是语言词汇自身发展的规律。

20 世纪 60 年代中期，美国学者威廉·布赖特（William Bright）在其《社会语言学》中最早提出了语言和社会结构的"共变"理论：语言作为社会必要的存在条件，它一方面对社会有绝对的依附性；另一方面，它对社会的发展有应变性。语言要适应社会变化，一些词语之所以流行，正在于其内含的社会意义与社会共存的关系。语言社会性中的一个方面就是语言现象和社会现象存在共变。这在任何语言的发展中都不例外。在语言结构要素中，词汇对社会的反映既及时又全面，但并非说词汇的任何部分都是如此，词汇内部发展也不具有同质性。词汇作为一个整体，有核心部分和外围部分，其中核心部分的发展从速度上看，是比较慢的，呈现出一定的稳固性。而外围部分发展就相对比较快。流行语是词汇的外围部分，它与社会现象的变化和发展紧密相连。"语言中最活跃的因素——词汇，常常最敏感地反映了社会生活和社会生活的变化。"① 社会生活的任何变化，哪怕是很微小的变化都会在语言词汇中有所反映。"社会的发展变迁必然会在语言的词汇里留下反映各个时代特色的词语，起着历史见证的作用。"② 而流行语则是这种历史见证的显示器，它反映社会生活变化最积极最准确最快速，要研究流行语，认识流行语的发展规律，就不能脱离社会，社会生活的发展变化是流行语形成的根本原因。

根据认知语言学的观点，认知是语言的基础，语言是认知的窗口。人的社会生活始终是人类全部认知活动的主要部分，决定了人类的生存和进化，而流行语几乎是伴随着人的社会生活产生的。社会性是语言符号的最重要特性。关于这一点，索绪尔（Ferdinand de Saussure）的《普通语言学教程》在论述语言和言语的区别时，有过比较深入的阐述。在我们看来，语言符号作为一种社会现象得以"流行"，其流行性本身就是语言社会性的反映。

社会的发展变化是流行语形成和传播的根本条件。这主要体现在政治和经济两个主要方面。不断加快的社会节奏，丰富多彩的现实生活，多元化的价值观念等，都要求语言有比较及时的反映。所以，流行语是折射社会生活的一面镜子，往往能透视出各种深层次的社会动机和心态，与社会存在着互相依存的关系。政策法规的变化，社会观念的更新，生活方式的转变等，在流行语中都会留下印痕。现代语用学的一大贡献便是从语境中考察语言，社会语境恰恰是流行语发展变化中的重要一环。

任何一个特定的历史时期都有其特定的流行语。社会的各种潮流往往制约并影响着一些流行语的生成。例如在十一届三中全会前后拨乱反正的特定政治环境催生的那一批流行语，就其内容而言，主要是政治色彩鲜明。这是由于在当时语境下，政治成为人们社会生活的主导因素，反映到

---

① 陈原：《语言与社会生活》，上海三联书店 1980 年版。

② 沈怀兴：《汉语规范化求疵》，《语文建设》1992 年第 11 期。

语言上则是带来了大量的政治色彩较浓的流行语。如"两个凡是""实践是检验真理的标准""五讲四美三热爱"等。到了 20 世纪 80 年代后，随着国家和社会发展的转型，宏观的语言环境也发生了很大的变化，于是与经济生活相关的流行语大批出现。到了世纪之交，随着全球一体化进程的加快，世界各国交往日益密切，政治、经济、文化、军事等交流的增多，使语言的接触和融合的范围、广度前所未有。这进一步为流行语的产生和传播提供了条件。

流行语折射出特定社会的发展轨迹。与新词语一样，流行语及时反映词汇的最新发展和时代的变迁，是社会政治、经济的一面镜子，尤其是经济的发展更能推动流行语的大量涌现。影响流行语的经济因素有两个方面：一方面是语言社团的经济强势影响一些词语成为流行语。改革开放之初，"包产到户""官倒"等流行语，反映的是当时的社会经济形势，因而成为使用频率颇高的词语。改革开放中，"泡沫经济""套牢"等词语记录了我国经济的发展变化，成为当时的流行语。近年来，随着新的经济现象的不断出现，一些相关词语纷纷流行，如"钻石王老五""山寨""房奴"等。2008 年，金融危机的出现，使得"华尔街""次贷危机"等成为流行语。今年年初股市下跌，出现了"再牛的肖邦，也弹不出我的悲伤"等流行语。

经济影响流行语的另一个方面就是经济强势的国家或地区的词语进入其他语言或方言成为流行语。我们发现，现阶段汉语流行语来自经济发达国家、地区的占不小的比例，如来自英语的"in""fans""party"，来自沿海地区的"有没有搞错""无厘头"等。

当社会政治发生急剧变化时，体现这种变化的词语便容易流行。流行语流行的政治原因往往具有软强制性，也就是说，它们之所以流行是由于政治宣传等实现的。近些年来，北京语言大学对《人民日报》等 15 家主流报纸出现的高频词语做过统计，从公布的结果看，各年度流行语大都带有那个时代特有的政治色彩，由此证明，政治以一种软强制的力量把一部分词语推向了流行的平台。

可见，社会政治、经济等的发展变化以及传媒等对流行语的形成和传播都有着重要的影响。每个时期的流行语都不同程度反映着这个时期社会生活的主流。正因为流行语来源于社会生活，能够反映大众心理和社会动态，所以，它的出现会被多数人接受，并得以流行。

二　语用群体的心理需求和原创意识

语言是人类特有的交际工具，语言的发展变化除自身的调节外，人的干预也在其中起着非常大的作用。流行语的出现和传播与人的因素关系密切。"语言是人的语言，研究一种语言现象，忽视了人也是不行的。人是社会的人，人是具体的人，因此研究一种语言现象，不广泛地联系社会，不具体地考察特定的语言使用者的思想倾向和情感特点更是不行的。"①

人是一个能动的主体，这种能动性表现在语言的使用中便是语言在使用中经常被创新。流行语之所以能够产生，就是人创造性使用语言的结果。这种创造性主要表现在这样几个方面：首先人们可以构造一些新的形式，赋予这个形式一定的意义，例如"柔柔"（女孩子的别称）、"偶稀饭"（我喜欢）、"拍砖头"［在互联网的论坛（BBS）里发表批评他人的文章］等，都是通过这样的构造方式实现的。其次，人们可以赋予一个老的形式以新的意义，流行语中也有很大一部分是这样构成的，例如"蛋白质""白菜""恐龙"等都是如此。

流行语的形成和传播，也与语用群体的原创意识和能力有关。如果没有这一点，就会失去了创新的原动力。流行语的创造和使用主体青年一代，比中老年人更具有创造想象的广度与奇异度。因为过了这一阶段，随着经历经验的不断增加，一般地说语用意识则逐步朝守旧和规范的方向回归，这是已经被许多语言事实证明了的规律。

由创造力和想象力更强的青年人主创的流行语很多都有违背语言常规之感，在使用上表现出的任意性、不稳定，甚至是对语言规范的一种"破坏"。或者词语的缩略和语素的结合不符合一般规律，如"现"（现眼、很爱秀）、"酱子"（这样子）、"巨难看"（超级难看）等，超出了一般的词语缩略和搭配规范。或者某些意义和形式都还不确定，表现出语言使用的随意性，如"歇菜"（歇着、停止做某事）、"瓷"或"磁"（关系好）、"砍"或"侃"（闲聊）、"玩主儿"或"顽主儿"（在社会上混得不安分的人）等。或者汉外语言夹杂，如"上次的事很 sorry 啦""一起

---

① 高振东：《语言是活的东西》，《人民日报》1978 年 8 月 24 日。

去 happy 一下再，怎么样?"等等。这种违规性往往给语言使用者带来奇异感。内容或形式的超常规，常常给人们一种新感觉，满足了语言使用者求新求异的心理。

　　人的心理需求也是流行语形成和传播的重要因素之一。人都有求新求异的心理，新的语言现象往往更容易受到人们的关注，容易引起人们的好奇心。一方面，流行语可能反映的是社会的新现象；另一方面，从流行语本身来看，它本身往往有些就是新奇的，或者构成形式是新的，或者语义是新的，或者构成形式和语义都是新的。这些迎合了人们的求新求异的心理，更容易被传播和使用，这是流行语出现的一个内部原因。追新求异是人的一种心态，也是人们使用语言的一种心态，某种语言形式用久了，人们就想换用一种新的语言形式。语言使用者追新求异的心态是语言发展的积极动力，它使语言保持着鲜活的生命力。现代社会，生活内容丰富多彩，新事物层出不穷，新形式、新用法不断出现，在追新求异心理驱使下，人们更乐于接受新的语言形式、新的词语用法。

　　按照社会心理学的观点，人们在进行各种活动时，都会产生一种从众心理。流行语因其本身的新奇特点，受到人们优先关注，因而得以流行。追逐流行是满足人们心理需求的一种方式，而流行语则是一种满足人们某种需求的工具。例如一些幽默取笑的流行语可以化解郁闷，放松心情。流行语之所以传播速度快，主要是因为人们使用流行语可以满足一种赶时髦的心理需求，从众心理会使流行语在较短时间内普遍传播。

　　一些流行语的出现，也是人们心理与个性表现交互影响的结果。由于从众心理，人们常常模仿社会上那些正在流行的生活方式和语言方式，以求社会认同，获得安全感，从而达到心理上的平衡。特别是环境的开放宽松促进了人们语言观念的转变。与此同时，许多青年人在语言实践中不断地创造和传播流行语，敢于标新立异，以显示自己的独特之处。这种带有求新、求异、趋雅、尚简的心态为大众所接受，满足了人们普遍的共同的心理需求，并为社会所承认。这种社会认同心理使得人们在语言使用上竞相创新。

　　此外，使用者言语解读也影响流行语的生成。流行语是在交际中被言语使用者认定的。如果在言语交际的最后环节听话人永远只按原来的解读方式解读的话，流行语最终也很难形成。例如"蛋白质"，原是"天然的高分子有机化合物"的意思，但是它在校园流行语中表示的意思是"笨蛋＋白痴＋神经质"的意思。"白骨精"原是《西游记》中的一个妖精形象，是人们感情上排斥的对象，目前的流行用法是指"白领＋骨干＋精英"型人才，很显然这是人们渴求的。如果交际中听话人永远都不做第二种理解的话，那么它只能以第一种意思被解读，由于不具有新异性，一般不会成为流行语。所以言语解读对流行语的生成也有一定的作用。前些年流行的魔鬼辞典中的一些词语释义就是这样。

三　文化的影响

语言与文化的密切关系，从威廉·洪堡特（Wilhelm von Humboldt）到萨丕尔（Sapir-Whorf hypothesis）、沃尔夫（Benjamin Lee Whorf）等，以及中国20世纪90年代的文化语言学热，很多学者都充分注意到。就流行语而言，得以"流行"的原因，大都因为它们的文化价值和文化含量比语言词汇中的其他成分都要丰富得多。它们所包含的丰富的文化信息，总会随时与社会发生谐振而成为承载量较大的语言成分。所以，流行语既是语言现象、社会现象，又是文化现象。相应的，文化因素也是流行语形成和传播的重要原因之一。

文化因素的影响可以分为两个部分，一是民族之间文化交流的影响，二是民族内部文化交流的影响。

文化因素影响流行语的形成与传播，首先在于不同民族的文化交流会促使某些词语流行。它可以使一部分外族词语进入本族语言，经过适当整合而成为流行语，这在汉语的流行语，尤其是近年来的流行语中出现频率比较高。例如汉语的"牛"与英语的"new"音近，2009年是汉民族农历的牛年，新年前后社会流行着"happy 牛 year"的祝福语，这一流行语就是汉语和英语换码整合而成的。再如"in""high"等原来都是英语中的现成词语，近年出现的"很 in""很 high"是英语和汉语接触、融合的结果，虽然我们发现汉语的程度形容词"很"没有办法和介词组合，但是"很 in"却成为汉语中的一个流行语。"很"虽能和表示"高"的词语组合，但是这样的汉英组合还是不多见，而且"很 high"组合后并不表示本来的客观高度的意义，意义已经发生了延伸变化。

世界一体化的格局使各国间的交往日益频繁，语言作为交际工具在交流中起到越来越重要的作用。对外经济文化交流的迅速发展，人的思想观念和价值观念的更新变化以及外语学习的普及，使得外来词语在汉语流行语中的比例越来越高。很多外来词语直接或间接地成为汉语流行语，如"蹦极"（bungy）、"猎头"（head hunting），有时还常常出现外来语和汉语夹杂使用的言语形式，如"打kiss""K歌""你这身打扮真够in的！""这小伙子真是CBA！""I服了U"等，它们因在形式、表意等方面具有新奇性的特点成为流行语。

当代汉语流行语中源自外来语的以英语和日语居多。如"酷"是英语cool的音译，在流行语中形容一个人很有个性，也表示"英俊""好"等意思，"秀"是英语show的音译，在英语中的意思是"表演"，在汉语流行语中是"表现""显示自己"的意思，并形成"××秀"格式，如"服装秀""脱口秀"等。"人气""写真"以及"泡巴一族"之类的"×族"和"书屋"之类的"×屋"形式则是来自日语。

同一民族内部的文化交流也会促进流行语的形成。主要表现为方言文化的交流，不同行业、专业之间的文化交流等。方言之间的交流会促使一部分词语成为流行词语。流行语中有一部分来自方言，如"打理""搞笑""闹心""勿要忒""我走先""找不着北"等。这样的表达方式原来在普通话中一般都有一个跟其同义或近义的形式存在，它们进入普通话后，因在形式、色彩上更具新颖性而成为流行语。这些词语超出以往自身存在的地域，在更多的人群、更广阔的空间流行使用。如北京话中的"歇菜""悠着点"，东北方言中的"忽悠""爱咋咋地"等，在普通话中成为流行语。

流行语在流行之前，大多在某一领域、特定范围内使用，由于各行业、各专业之间的相互渗透和人们审美观念的从众性，使之超越了原来的使用范围，成为超专业、跨行业流行语，具有了大众性，流行开来。行业文化的交流使一部分行业用语成为流行词语。例如"下课""下海"都曾经是一个时期的流行语。它们都是行业文化渗透的结果。"下课"原义是指学校上课时间结束，前些年"下课"进入流行语，首先是被高频率使用在体育领域，表示教练辞职或被迫辞职，此后又进入很多相关领域，表示与"辞职"相关的意义。"下海"原来是渔业用语，表示渔民出海打鱼的意思，也曾经作为戏曲行业和娼妓行业的用语，分别表示"业余戏曲演员成为职业演员"和"从事某些行业（娼妓、舞女等）"。后来泛指放弃原来的工作而经营商业，已从一个或几个使用领域扩大到许多使用领域，成为一个时段的流行语。

由于社会分工和协作使行业之间的联系更加密切，影视、广播、报刊等大众传媒的推动使人们对各行业有了更广泛的了解，于是，原属于某一特定行业的表达方式通过某种临时的用法用于其他行业或日常交际当中，这种临时的修辞用法很容易被大众所接受，也由此成为流行语。同时，随着社会经济和科学技术的发展，现代社会不断出现一些前所未有的事物和现象，人们的视野越来越开阔，思维和观念越来越得到解放，也是行业、专业用语跨域使用，成为了流行语的原因之一。另外，不同的时期，某些社会现象或观念的升温也会使一些原来不为大多数人注意的专业、行业用语流行开来。如1995年春晚小品《如此包装》中的"包装"一词，就是由工商业中包装产品或用于包装商品的东西转而喻为对人或事物从形象上的装扮美化，使其更具有吸引力和商品价值。

通过近几十年汉语流行语的跟踪研究，我们看到在汉语流行语中专业、行业用语的比例逐渐增加。20世纪科学技术革命迅速而深刻地改变了人类的生活、改变了人们的生活方式和思维方式，特别是计算机普及后，与科学技术相关的流行语大大增加，如世纪之交时流行的词语"千年虫"。21世纪人类社会进入到知识经济时代，高科技的发展与人类社会生活密切相关，许多与电脑和网络技术有关的术语日益流行，很多网络用语已成为虚拟社会的流行语。可以预言科技色彩浓厚将是流行语的一种发展趋势。

文化因素对流行语的影响还表现为一定时期的文化态势及人们的文化取向。当今人们向往多元文化，也企望语言不断创新变异。色彩斑斓的流行语的出现，正是人们这种文化多元取向的反映。"你以为你是谁""金钱不是万能的，但没有金钱是万万不能的""我是××我怕谁""请给个理由先"等流行语就表现了这种多元文化的状况。流行语的出现，是语言多元文化的具体表现，也是文化多元化的现代情状。王朔的"痞话"如"玩的就是心跳""看上去很美"等，能在一段时间内成为流行语广泛传播，也正是暗合了学术界引入的现代西方社会平面化、反讽化、多元化的后现代文化，因而"流行起来没商量"。

四　传播媒介的推进

传播媒介是文化的载体，也是流行语得以形成和传播的重要途径。现代传媒带来一个全新的信息时代，不仅更新了社会联系和交际的观念与方式，而且借助现代传播手段，人们的交际突破了传统的时空限制，可以在极短的时间内实现大范围、远距离的信息共鸣和共享，这给流行语的产生与传播提供了比较畅通的信道。

应当承认，有些流行语是通过人们口耳相传的，如校园流行语"我挂了""神童""恐龙""辣椒"等，都是经过学生的口头传播而成为流行语的。但这样的传播受到很大的时空条件限制。在当今信息传播手段高度发达的时代，除口头传播实现了远距离传送外，网络、报章书刊、影视作品、短信、歌曲及广告等都使传播范围不断扩大，速度不断提升。现代文化传播媒介的多样性和高效性，使词语的迅速、大范围传播成为现实。所以，流行语能够得以迅速而广泛的流行，现代传媒的作用功不可没。

网络作为一种新兴媒体，在语言、文化等传播方面发挥着越来越大的作用，很多新奇的语言形式通过网络成为人们耳熟能详的形式，一部分流行语正是通过网络交际流行起来。随着网络深入到社会生活的各个方面，由网络语言形成和传播的流行语越来越多。网络传播的流行语主要有两种：一种是传播使用者感兴趣的非网络用语，如"打铁"（在网上发帖子）、"切"（表示不屑一顾或者是鄙视的意思）、"青蛙"（爱上网但相貌比较丑陋的男生）、"晕"（晕倒）、"酱子"（这样子）、"见光死"（网上交际的双方一旦在现实生活中约见，就会因与网上相交时想象的差距较大而使交往结束）等。还有一种就是传播网络用语，如"BBS""瘟酒吧"等。由网络传播产生的流行语大多是网民们为了提高网上交流速度，显示独特的个性以及吸收外来词创造出来的。因此，在这类流行语中，有与新创词语、外来词语等交叉的现象。如网络新创词语"网虫""菜鸟""美眉""一般般"等，外来词语"伊妹儿""黑客""因特耐特"等。

报章书刊作为历史悠久的一种平面媒体，从其出现以来就一直有着传播信息的作用，同时传播着不同历史时期的流行语。"……并快乐着"来自白岩松的《痛，并快乐着》一书，网络小说《第一次亲密接触》引起轰动，于是出现了"……亲密接触"。"说不"本只在特定语境中与其他语言成分搭配作用，宋强等的《中国可以说不》一书的影响，使"说不"为人们所熟知的、为社会各层次的人们所接受，更因其频繁的口头使用更加口语化，成为人们熟知的流行语。当下，除了充当主流媒体的报纸之外，还出现了形形色色的各种报刊、杂志，它们也在传播流行语中起到了不可忽视的作用。

电影电视同样成为人们文化生活中必不可少的部分。在人们欣赏影视作品的同时，影视作品也在承担着传播流行语的功能。事实上，就是因为影视作品的作用，使很多语言形式成为流行语。电视剧《爱你没商量》《将爱情进行到底》《过把瘾》等播出后，流行语中就有了"……没商量""将……进行到底""过把瘾就死"等，电影《秋菊打官司》播出后，"讨个说法"成了风行一时的流行语，一些影视台词也会成为流行语，如出自《大话西游》的"我 Kao！I 服了 You。""喜欢一个人需要理由吗？""我猜中了前头，我猜不着这结局。"再如"我对别人的事不感兴趣。"（《流星花园》）"我对你的敬仰如滔滔江水连绵不绝，又如黄河泛滥一发不可收拾。"（《鹿鼎记》）"我心中的一团火是不会熄灭的。"（《功夫足球》）等等。

电视作为一种传播形式，影响人们生活，尤其影响语词传播，还表现在一些主持人的话语成为流行语，这在流行语中也不在少数。2009 年春晚小品《不差钱》播出后，"不差钱""这个可以有""这个真没有""眼睛一闭，一睁，一天过去了；眼睛一闭，不睁，这辈子就过去了。"等成为一时的流行语。再如中央电视台主持人李咏的"金蛋还是银蛋"，王小丫的"您准备好了吗？""你确定？""恭喜您，答对了！""我很幸运。让节目传递亲情，多一份温馨。诚恳是我的底线"等，也是这样。

由歌词衍生的流行语，如"该出手时就出手""常回家看看""都是……惹的祸""心太软""对面……看过来"等，这些歌词不断被用于不同场合，很快成为流行语。来自广告的流行语也不少，如"闪亮登场""一切尽在掌握""我能""没有最好，只有更好"等。

流行语的传播与传播媒介息息相关。大众传播及其多种现代传播内容、技术是流行语得以兴起和传播的信息源泉和技术保障。许多流行语除通过传统渠道传播外，还因电视、网络的普及而迅速传播开来。有的语言形式通过网络这一渠道可能会在一夜之间成为流行语。

从表面看，很多流行语的形成与传播似乎完全出于偶然。在现实的语言生活中，人们似乎也很难预测甚至决定未来会出现哪些流行语。但就整个语言发展的历史事实看，任何语言现象都有存在的合理性，其发生、发展乃至消亡，往往在众多偶然性中寓示着必然性。以此推衍，则流行语即便如流星划过夜空，那仍然会是有迹可循的。这其中，对流行语形成和流行的基本理据的考察，将有助于我们从本质上对其发展变化规律有比较深入的认识。这也正是本文关注的主要问题。

以上，我们主要从社会政治经济、语言使用者、文化交流、传播媒介等几个方面入手，重点分析了流行语形成和传播的基本理据。上述语料大多源自最近我们主持研究的国家语言文字应用研究规划项目"流行语跟踪研究"（YB105－63C）成果之一《中国当代流行语全览》，同时参考了其他学术文献，如杨晓苏（1999）《二十年间对大学生产生深刻影响的十句流行语》等。为力求本文结论具有准确性和科学性，我们对近30年的流行语语料进行了多角度的分析。通过分析，我们发现，在上述各种因素中，受社会政治经济因素影响的占33%，受文化因素影响的占23%，受语言使用者因素影响的占21%，受媒体因素影响的占15%，受其他因素影响的占4%。当然，由于不同时期社会语境及流行领域不同等因素的影响，情况有所不同，如20世纪90年代前后社会政治经济因素的影响因子较大，在校园流行语中，受语言使用者因素影响又较多。不过，我们旨在着眼于整体角度阐释流行语形成和传播的基本理据，时段及范围等因素就不计其中了。

第四章　多种媒体下的流行语

当下我们正处在一个多种媒体发展的时代，以往人们都是通过传统媒体，像电视、广播、报纸等媒介来接收信息。随着科学技术的发展从而逐渐衍生出了新的媒体，像网络媒体、新媒体等，这都为流行语的传播发展提供了一个广阔的平台。流行语体现了大众语言生活，它不可避免地受到了多种媒体的影响。

一　传统媒体下的流行语

（一）传统媒体的定义

最早应用和至今应用最普遍的媒体，一般指人际间传播媒体和印刷文字媒体。"传统"与"现代"是相对的概念，不是精确的划分。从现代意义来说，不用动力和设备设施的媒体有传统的含义，其特点有不用动力、不用设备设施和使用范围较小等。[①]

（二）传统媒体的优势

1. 强大的内容生产力

在当今的全媒体时代，传统媒体最核心的优势之一就是内容生产力。虽然新媒体的崛起很大程度上占据了传统媒体的市场，但是大量的原创性首发报道依然来自于传统媒体。据尼尔森评级数据一项名为《在线读者行为报告》中对数百万博客和社会媒体站点进行了分析，结果表明 80% 的链接都来自美国传统媒体公司；站点内容中仅 14% 为原创，67% 的热

---

① 谢新观：《远距离开放教育词典》，中央广播电视大学出版社 1999 年版。

门新闻站点的新闻来源于传统媒体；站点人员中 13％的人是收集管理员，专门收集传统媒体的新闻。多所大学的研究也表明：即便是美国最好的新媒体，其生产内容的能力也是有限的，更多的还是依赖于传统媒体。这就很容易看出，新媒体在内容方面对于传统媒体具有相当高的依赖性。特别是在我国，传统媒体在这一点上的优势更是具有很强的决定性，这是因为根据我国当前的相关法规政策来看，新媒体在新闻报道的采编权限方面受到了很大的限制，所发布的新闻信息在很多时候只能是来源于传统媒体。

而与新媒体相比，传统媒体虽然在新闻信息发布、更新的及时性方面略显逊色，但是从另一方面来说传统媒体在新闻报道的深度、广度、高度方面是新媒体所不能比拟的。新媒体在大多数时候给人们提供的是一种简单的"新闻快餐"。而传统媒体却可以投入相当的时间和精力进行更充分的采访、调研，从而可以做出更全面、更深刻的新闻报道。也就是说，传统媒体在提供调查性新闻报道、解释性新闻报道等"后新闻"方面具有新媒体所不具有的优势。

2. 强大的公信力

传统媒体聚集了一大批职业化、专业化的优秀新闻传播工作者，这些传统媒体的新闻业者不仅接受过关于新闻传播工作的特点和规律的专业训练，而且还接受过关于职业规范和职业道德的专门教育。新闻的专业理念以及运作机制在传统媒体内部的形成与完善，为传统媒体在新闻传播的工作中赢得了权威性与公信力，这又为传统媒体增添了一大优势。

3. 传统媒体拥有专业化的新闻传播理念和运作机制

早在 20 世纪中叶，西方社会为了解决传统媒体在新闻报道中的浅薄化、刺激化、煽情化的问题，逐渐确立了"新闻专业主义"，这一过程最后以美国新闻自由委员会（又称哈钦斯委员会）的报告——《一个自由而负责的新闻界》为里程碑。其主要内容经过不断发展和完善之后可概括如下：（1）传媒是社会的公器，新闻工作必须服务于公众利益而不是仅服务于任何政治或经济利益集团；（2）新闻业者是社会的观察者、事实的报道者，而不是某一利益集团的宣传员；（3）传媒是信息流通的"把关人"，采纳的基准是主流社会的价值观念而不是政治、经济利益冲突的参与者或鼓动者；（4）传媒以实证科学的理性标准评判事实的真伪，服从于事实这一最高权威而不是臣服于任何政治权力或经济势力；（5）传媒受制于建立在上述原则之上的专业规范，接受专业的自律而拒绝任何权力或权威的控制。新闻专业主义是一种理想状态，其理念很难完全实现，但它对于更好地实现媒介功能具有重要的积极意义。①

4. 具有品牌和知名度的优势

媒体品牌标志着一种超越时空的品位和文化，一个好的品牌能够锁定忠实的受众，影响未来的受众。传统媒体大都经过了长期的经营和发展，在受众中享有不同程度的知名度和影响力，其所具有的品牌效应是新媒体在短时间内无法超越的优势。特别是面对当前传媒产业的纷繁复杂、产品多样且供大于求的媒体市场格局，传统媒体的品牌在受众中的信任度与吸引力，就宛如传媒市场中一块耀眼的金字招牌。②

（三）传统媒体自身存在的弊端

从传播模式上说，传统媒体的传播方向是单向的，传受双方若想进行沟通十分困难。受截稿及出版因素影响，传统媒体不能及时提供最新资讯和更正。仍以报纸为例，报纸通常是以天为单位，严格地受到出版和发行时间的限制，电视较之报纸虽然要快些，但也有固定的播放时间，对受众的观看造成一定的制约。受媒介自身的性质影响，传统媒体多数不便于查找相关资讯和以往资源，使得信息的利用度降低。在内容上众口难调。报纸并不是根据人的职业和人的受教育程度来发行和销售的，因此，在不同年龄、性别、职业和文化程度的人那里，报纸的作用是不尽相同的。③

另外，信息在传统媒体中的传播都是单向的，只能是新闻机构向人们传播，缺少人们信息反馈这一流程，人们只能是被动地接受新闻机构发出的信息，不能针对此信息公开发表意见。

（四）新闻报刊语言中的流行语

新闻报刊中的流行语反映的是一定时期的社会政治、经济、文化，采用的词语也是具有创新性、时代性的。巧妙、迅速地传播着新闻信息，是一种流行的语言文化。

---

① 刘晓林、邓利平：《传统媒体的传统优势》，《青年记者》2012 年第 21 期。

② 同上。

③ 刘舒：《从第四媒体与传统媒体的优劣势看"融媒"时代的到来》，《科技传播》2009 年第 2 期。

1. 新闻报刊语言中流行语的表现形式

就其表现形式来说可分为词、短语、固定形式三种。

（1）词

在新闻报刊语言中有很大的一部分流行的都是词，它是随着一定时期内的新现象、新事物的流行而流行起来，备受人们热议的。例如：

[1] <u>中国梦</u>蕴含强军梦，强军梦支撑<u>中国梦</u>。（2013/12/28《人民日报》强军梦支撑中国梦）

[2] 继伦敦奥运之后，他们已将目光瞄准了 2013 年的欧洲体操锦标赛和 2016 年的<u>欧洲杯</u>。（2012/8/10《人民日报》法国北加莱搭上奥运"顺风车"）

[3] 机关干部少些衙门作风，群众<u>幸福感</u>就会增强。（2011/3/26《京华时报》提高群众幸福感要少些衙门作风）

[4] 在食堂大锅菜里，最健康<u>低碳</u>的吃法就是凉拌菜。（2010/12/20《健康时报》食堂凉拌菜最健康）

[5] 所以奉劝官员们不要不把人民放在眼里，千万别想着跟政府和人民"<u>躲猫猫</u>"。（2009/11/1《人民论坛》公众"信息饥渴症"诱因评析）

还有一部分流行语是以字母词的形式出现的，它书写比较简单，表达也比较明确。例如：

[6] 今年秋冬可能面临流感高峰与雾霾高峰重叠出现，还面临着 H7N9 禽流感流行的可能。（2013.9.26《人民日报》秋治喘功过半）

[7] 基于国标计算，PM2.5 日均浓度达到 500 微克每立方米时，即达到极重污染水平。（2012/12/31《人民日报》极重污染日 停驶三成公车）

（2）短语

在新闻报刊语言中有相当的一部分流行短语，它代表着一定的流行趋向，是人们日常关注的焦点，反映了一定时期的社会问题。

例如：

[8] 随着订票高峰到来，多款抢票软件网上走俏，引发公平和安全方面的争论。（2013/1/21《人民日报》抢票软件，抢了谁的票?）

[9] 重新修订的公告不仅澄清孔子学院合法性，还撤销了此前强制教师离境的命令。(2012/5/28《国际金融报》"孔老师"被逐始末)

[10] 电视剧《裸婚时代》中的那句"细节打败爱情"曾打动了不少年轻人。(2011/9/16《江南时报》做好婚后理财与人生规划)

[11] 火车票实名制是今年春运的最大特点。（2010/6/1《大地参政议政》，民意表达）

[12] 美国的大公司大多数都是在历次金融危机中，通过大鱼吃小鱼、活鱼吃死鱼的办法而发展壮大的。（2009/11/1《新闻战线》报业进入"攻坚克难"关键时期）

（3）特定的格式

这类格式多是模仿流行的电影名称、台词或者流行歌曲中的歌词，具有相对固定的形式。如模仿筷子兄弟的歌词"你是我的小呀小苹果"形成的"你是我的小呀小……"还有一则奶茶的广告"你是我的优乐美"等。模仿电影"拯救大兵瑞恩"形成的"拯救……"等这类格式。

例如：

[13] "每当我感到渺小无力，好似要碰壁/凝视你的双眼，顿时让我感到慰藉/你是我的后盾，你是我的依靠/我会支持你，我的小伙伴……我会为你守候，正如你守护着我。"这是华人歌手曲婉婷刚刚发行的新专辑中的一首歌《My little friend》的中文翻译片段。(2013/10/28《人民日报（海外版）》曲婉婷"以歌伴娘")

2. 新闻报刊语言中流行语的特点

新闻具有很强的时效性、权威性，所以对其使用的流行语要求也是很高的，如今各种媒体不断涌现，它们之间的竞争也日趋激烈，各大媒体对新闻语言的使用也下了很大的功夫，要去不断地吸引读者的眼球，增强自身媒体的吸引力。流行语凭借其自身的影响力和穿透力迅速占领了新闻报刊语言的领地，被广泛地使用和传播。

（1）简易性

新闻报刊语言要涉及很多领域，全方位地反映社会现象，新闻报道要用事实说话，它是客观的，不是抽象的，而且传播速度要快。新闻语言中的流行语大多通俗易懂，口语化比较明显，也易于传播。也正是因为它的简易性，让人们理解起来也非常容易，便于记忆。例如2013年特别流行的"大黄鸭"，鸭子本身是一种特别常见的家禽，是一种水、陆两栖的动物。在此之前鸭子就是一种被大家熟识的非常生活化的动物，但是它却突然以另一种形式出现备受大家的喜爱和追捧。大黄鸭（Rubber Duck）是由荷兰艺术家弗洛伦泰因·霍夫曼（Florentijn Hofman）以经典浴盆黄鸭仔为造型创作的巨型橡皮鸭艺术品系列。自2007年第一只"大黄鸭"诞生以来，霍夫曼带着他的作品从荷兰的阿姆斯特丹出发，截至2014年7月，大黄鸭先后造访了12个国家地区的21个城市。大黄鸭在所到之处都受到了很大关注，也为当地的旅游及零售业带来了极大的商业效益。在2013年5月在香港展示，"大黄鸭"这个词并不新鲜，但是它被赋予了新鲜感而流行起来，就是这么一个简简单单的词，让人们记忆深刻，也给人们带来了很多的乐趣。例如：

  [14]"大黄鸭"将"游"进北京，北京将成为内地获得"大黄鸭"正版授权的第一座城市。（2013/6/28《人民日报》我也没想到会这么火）

（2）时代性

时代性是流行语语言自身的特色，语言是社会的产物，流行语作为时代性的一种产物就犹如一面镜子，折射着这一时代的社会热点、流行趋势，生动形象地反映着社会风貌。比如说新交规、我是歌手、舌尖上的中国、PM2.5、食品安全、红色旅游、上海世博会、火车票实名制、落实科学发展观、金融危机等。这些流行语都是与时代性紧密相连的，它让我们可以掌握时代的脉搏，也为人们营造了一种轻松、幽默、多元的文化生活。新闻报刊中的流行语不是简单的一个词汇，它与政治形势、日常生活、文化娱乐都息息相关，蕴含着深刻的社会价值以及语言的研究意义。

（3）权威性

新闻一般都是向人们传递权威性的语言信息，所谓的权威是建立在新闻准确、全面、客观、公正和求深、求透、求特、求精的基础之上的，这是实现新闻现实价值的基础。政府高层制定的政策中的语言信息或提出的政治口号往往能影响社会的语言使用，创造出强势的语言。比如大部制改革、文化体制改革、中国特色社会主义法律体系、医药卫生体制改革、整顿低俗之风，等等。新闻媒体一经报道使用，也就成为了感染力极强的语言，成为了人们关注的热点。

（五）广播电视语言中的流行语

随着人们生活水平的日益提高，人们的生活不再那么单调无味，有很多的闲暇时间用来娱乐消遣，看影视剧也成为人们生活中必不可少的一部分，因而影视剧也是当代流行语传播的一个重要方式，热播的影视剧有着很强的影响力。影视剧的片名是流行语的一个重要来源，片名有没有新意，决定着能否吸引观众的眼球，让人听到片名就有想看这部作品的冲动，片名新颖独到、独具一格也就很容易成为流行语。

1. 电视剧名在热播后成为流行语

《裸婚时代》包含了这个时代年轻人会遭遇的一些问题：较高的房价导致的裸婚、两代人的生活代沟与挟持、剩女问题以及婚姻唯物观。在其热播后掀起了一阵裸婚热，也成为了当时年轻人所追逐的一种时尚。"蜗居"一词是用来形容狭小的住所，而《蜗居》热播后把它的语义扩展到住狭小房子的城市一族而流行起来，也是当时社会一部分人的写照。《我的青春谁做主》热播后，这一片名受到了年轻人的喜爱，我的青春我做主也成为了年轻一代的口头禅。还有像《将爱情进行到底》《爱你没商量》《海底总动员》《让子弹飞》，这些片名成为了流行语的模式，"将……进行到底""……没商量""……总动员""让……飞"，这些都成为了流行句式。还有一些固定模式的，如《不见不散》《非诚勿扰》《像雾像雨又像风》《一个都不能少》《致我们终将逝去的青春》等，这些都成为了人们口口相传的流行语言，并被广泛地应用在生活中。

2. 电视剧的人物名称在热播后成为流行语

"东方不败"是《笑傲江湖》中的主要人物，他本是男性，但是由于修炼武功而自宫，成为不男不女的太监式人物。流行之后用其来比喻不男不女的怪人。再如"韦小宝"是《鹿鼎记》中的男主角，是一个虚构的清代人物。他的一生娶了七个妻子，在经历了很多事情之后携七个夫人归隐山林。在当代社会流行之后"韦小宝"几乎就成为了一个贬义词，用来比喻男人花心、不专一。还有《杜拉拉升职记》中讲述了杜拉拉通过自身的不懈努力从一名普通员工蜕变到管理层的故事，杜拉拉也就成为了大家学习的典范和女强人的代表。

　　3. 电视剧中的经典台词在热播后成为流行语

　　一部影视剧如果在上映之后它的台词被流传下来，成为社会流行语，那么可以说这是一部非常成功的影视作品，具有了相当的影响力，它也就具有了很大的价值。

　　《甄嬛传》在热播之后，剧中的台词被广大观众所效仿，被称为"甄嬛体"。说话必称"本宫、臣妾、嫔妾、朕、哀家、孤"；描述事物用双字：方才、想来、极好、左右、罢了。听话者一般都会回复其"说人话"。甄嬛体还有特殊句式："想必是极好的，但……倒也不负……"《神探狄仁杰》在热播后其中的一句经典台词："元芳，你怎么看？"也一度备受大家的追捧，其中不乏诙谐与俏皮，人们在日常生活中广泛应用。《爱情公寓》中的主角之一曾小贤时常把一句话挂在嘴边："好男人就是我，我就是曾小贤。"在其热播后这句话被广大男士广泛使用，把曾小贤换成自己的名字，用来赞扬自己。还有像《后悔无期》中的"喜欢就是放肆，但爱就是克制。"《智取威虎山》中："有问题自己克服。"《冰雪奇缘》中："let it go"。3D 版《泰坦尼克号》热映，虽然是相隔多年后的老片重映，但还是引起了大家的共鸣，有一句台词很快流行起来："You jump，I jump！"《中国合伙人》中的"假如生活欺骗了你，你也要欺骗回生活"，"梦想是什么，梦想就是一种让你感到坚持就是幸福的东西！"这些台词不仅诙谐幽默，也很贴近生活，随之也就流行起来，被人们口口相传。

二　网络环境下的流行语

　　网络语言是一种新兴的语言形式，包括汉字、拼音、英文字母、含有某种特定意义的数字及形象生动的网络符号和图片。随着网络的普及，网络语言的影响范围越来越广泛，它直接影响现代汉语表述的语言词汇。随着网络语言的大量使用，很多网民不由自主地就把网络中的东西带到了现实生活中，这其中就包括网络流行语。所谓的网络流行语，就是在网络上流行的语言，是网民们约定俗成的表达方式。

（一）网络流行语的形成原因

1. 社会热门事件的产生

我们的生活中每天都会有形形色色的事出现，流行语很大程度上都反映了年度的热点，基本上是人们关注的焦点，具有很强的时代性，而且由于网络的普遍应用和媒体传播的时效性，人们也都积极地参与到热门事件的讨论中，去寻找事实的真相，表达自己的想法，在维护社会正义的同时也是在保护自己的权利。例如：

[1]"袁厉害"。袁厉害在兰考县城很有名，但很多当地人却说不出她的家在哪。她没有固定住处，平时都住在摆摊的棚子里，被网友称为"爱心妈妈"。2013 年 1 月 4 日，河南兰考县城关镇一居民楼发生火灾事故，"爱心妈妈"袁厉害收养的孩童中 7 人不幸丧生。事故造成 4 人死亡，3 人在送医途中抢救无效死亡，1 人正在抢救中。火灾发生的原因是其住宅内的儿童玩火所致。这一事件发生后，"……厉害"就由此流行起来了，很多人都称自己为……厉害，以此来夸赞自己。

[2]"最美司机"。5 月 29 日，吴斌驾驶杭州长运集团大型客车在从江苏无锡返回浙江杭州的高速公路上，被一块突如其来的铁块击中，导致肝脏破裂及肋骨多处骨折，肺、肠挫伤。在危急关头，吴斌强忍剧痛完成一系列安全停车操作，使 24 名乘客毫发无伤。现场画面震撼人心，吴斌的敬业和责任心受到中国网民及舆论的高度赞扬。他的职业精神值得广大人民群众学习，之后就被人成为了"最美司机"。其后"最美……"流传开来，人们在最美后面加上了各种职业，以此来称赞他们的动人精神，也表达了自己对他们的尊敬和赞扬。

[3]"楼脆脆"。2009 年 6 月 27 日清晨，上海闵行区莲花南路、罗阳路口西侧"莲花河畔景苑"小区内一栋在建的 13 层住宅楼全部倒塌，由于倒塌的高楼尚未竣工交付使用，所以，事故并没有酿成特

大居民伤亡事故。但是造成一名施工人员死亡。官方以两次堆土施工为原由，遭网友抨击，故得此称号。之后就曝光了很多房屋桥梁的质量安全问题，得到了政府的重视，也保障了人们的生活住所和出行道路的安全问题。

[4]"躲猫猫"。躲猫猫事件起源于云南。起因是云南省晋宁县看守所发生的一起死亡事件。据当地公安部门通报，24岁男青年李乔明在看守所中与狱友玩"躲猫猫"游戏时头部受伤，后经医院抢救无效死亡。这一事件经媒体报道后，在网络上迅速发酵，众多网民纷纷质疑，一群成年男人在看守所中玩小孩子玩的"躲猫猫"游戏听起来非常离奇，而这种"低烈度"游戏竟能致人死亡就更加令人难以置信。于是，一场以"躲猫猫"为标志的舆论抨击热潮迅速掀起。躲猫猫原本被称为捉迷藏是个大家非常熟悉的一种游戏，但是这一事件之后却成为了一个网络热词，而成为了年度网络流行语。

[5]"染色馒头"。染色馒头是通过回收馒头再加上着色剂而做出来的。2011年4月初，《消费主张》节目指出，在上海市浦东区的一些华联超市和联华超市的主食专柜都在销售同一个公司生产的三种馒头，高庄馒头、玉米馒头和黑米馒头。这些染色馒头的生产日期随便更改，食用过多会对人体造成伤害。在"染色馒头"之后，重庆又出现了"黑心馒头"，这一系列事件出现之后让人们对现在的食品安全问题提出了担忧，由此也得到了政府的高度重视。

2. 在人们日常交际中产生的流行语

这样的流行语主要产生在年轻人中。青年人的思维比较敏捷，也易于接受新事物、新知识，他们联想丰富，喜欢追求新奇、标新立异的事物，是社会生活中最有生机、对社会的变革与发展最敏感的群体。所以，流行语的创造者多半是青年人，而且流行语的流行也往往是由青年一代扩展到年老一代。中国有4.2亿网民，而在年龄构成上，"历次调查结果都显示，网民中18—24岁的年轻人最多，远远高于其他年龄段的网民而占据优势。"① 网络给了年轻人发挥的空间，同时也让年轻人对网络产生了依

---

① 郭玉锦、王欢：《网络社会学》，中国人民大学出版社2005年版。

赖性。一项对"80后"网络状况的具体调查显示，"84%的80后会在空闲无聊的时候选择上网，97%的80后经常通过QQ的方式与朋友联络，69%的80后尝试过网上购物，95%的80后遇到不懂的问题会上网找答案，他们的政治观是用互联网的方式说话，商业观是想说创业不太难，生活观是生活需要搜索一下，情感观是网上分享交流。"① 网络虽然是个虚拟空间，但是却给了人们一个表达与释放的空间，由于网络的信息量大，传播速度快，越来越多的人热衷于网络。辛仪烨指出："一种语言项目之所以会成为流行语，或者证实因为一定历史阶段中的社会环境赋予了这些语言项目以特定的意义成分。"例如"宣泄了该阶段公众受压抑的社会情绪、表达了他们当下处境以及面对这些处境时的群体感受"，"共鸣了他们深层的心理需求、唤醒了他们潜在的精神期盼、明确了他们对一种生活方式的向往和追求"，等等。② 一个人的观点在这个平台中得到了认可，一传十十传百，这个网络流行语一诞生，就会以惊人的速度迅速传开，渐渐地汇聚成一种声音。例如，"压力山大"，意思是压力像山一样大。这个词是由我国男女老少最为熟悉的外国人名"亚历山大"，通过谐音、暗喻演变过来的。前半部分谐音，后半部分暗喻。后来又出现变体为"鸭梨山大"，更加诙谐有趣。"压力山大"这一词一问世，就被人们广泛接受，一来是交际上的需要，二来是念着比较顺口、听着也很顺耳，并且幽默感十足。"奇葩"，本意是指奇特而美丽的花朵，常用来比喻珍贵奇特的盛貌或非常出众的事物。在网络用语中常用来比喻某人（或某事物）十分离奇，不落世俗，个性十足，世间罕见，多用于贬义。"hold住"，"hold住"一词来源于香港中英混用词汇，指面对各种状况都要控制把持住，要充满自信，从容地应对一切，也有给力、加油的意思。在2011年8月9日的《大学生了没》中，一位名叫miss Lin的网友以夸张的形式向大学生们介绍什么叫作Fashion。其极其独特的表演震撼了所有观众，miss lin的口头禅是"整个场面我要hold住"，从此"hold住"一词红遍网络，也因此被大家叫作hold住姐的。还有"神马都是浮云"是"什么都是浮云"的谐音，意思是什么都不值得一提，有抱怨感叹之意，同样的现在

---

① 80后网络生活调查报告：《信息时报》，2009-3-8。

② 辛仪烨：《流行语的扩散：从泛化到框填——评本刊2009年的流行与研究》，《兼论一个流行语研究框架的建构》，《当代修辞学》2010年第2期。

也有许多人用于自我安慰。

3. 大众媒体的推动

网络流行语的快速繁衍和传播离不开媒体的推动。随着时代的进步，传统媒体与网络媒体相互融合、相互促进，这在更大范围内促进了网络流行语的发展与传播。网络媒体的快速发展更是为网络流行语的广泛传播提供了一个良好的平台，相对于传统媒体来说，网络媒体更适合网络流行语的传播与发展。网络与人们的生活息息相关，"压力山大""悲催""秒赞""达人""给力"等，这些词语都极大地充斥着人们的生活。由于大众媒体的不断发展，对于一些新兴词汇的传播有了技术上的支撑，网络流行语也开始层出不穷，大众媒体不可置疑地成为了极有力的传播者。在这个环境下，人与人之间的联系和交往方式发生了极大的变化，人们的交流突破了时间和空间的限制，大量的信息一瞬间传递到各个领域，从而实现了信息的共享，这给新兴词语的传播提供了流畅的通道。网络用户不单单是信息的接收者，话语权更是得到了空前的解放，在网络空间里言论自由，也成为了信息的制造者和分享者。传统媒体不再一统天下，人们的言论活动大大增加，随着新兴媒体的发展，人们进入到了"自媒体时代"。"自媒体"（We Media）的定义源于硅谷 IT 专栏专家在 2001 年提出的观点，他们认为"We Media"是普通大众经由数字科技强化、与全球知识体系相连之后，一种开始理解普通大众如何提供与分享他们本身的事实、他们本身的新闻的途径。① "自媒体"包括微博、SNS、博客、BBS 以及微信等，其中最近这几年使用较多的是微信、微博、人人网、天涯、QQ 等"自媒体"平台，在这些平台上，网民通过表达自己想要表达的观点，传递自己生活的阴晴圆缺，构建自己的社交网络。"自媒体"显著的自由话语权使得网络体的流行成为可能。在"自媒体"的环境下，网民们与他人大量地传递、分享信息，见解独到，简单明了的信息大受追捧，也加速了信息的传播速度。

4. 外来词的变异

世界上没有任何一门语言能够自给自足，而且世界都是相互联系的，这种联系就也会带来语言上的融合，网络流行语中就吸收了很多外来词。

---

① 邓新民：《自媒体：新媒体发展的最新阶段及其特点》，《探索》2002 年第 2 期。

例如"ungelivable"体现了网络流行语对英语构词方式的模仿：首先以"给力"拼音为基础，将其变形为 geli，作为词根；其次模仿英语单词的构词方式，即前缀 + 词根 + 后缀，在词根的后方加上形容词后缀－able，表示有能力做某事，再在词根的前方加上前缀 un－，表示"不"的意思，从而完成整个词的创造性模仿，并结合汉语和英语意思表示不给力，或者不精彩。

另外，"……的说"（来自日语语法"……と言います"），表示认为、觉得；"ing"是英语进行时后缀，网上常用它做中文后缀，表示自己正在做某事或表达一种感情如"游戏 ing""开心 ing"等。

（二）网络流行语的分类

人们在互联网上的交流需要通过敲击键盘进行文字录入来实现，所以交流者之间很难做到思维和交流的同步，往往就会造成对话的延迟和脱节。为了提高语言交际的效率，加快聊天节奏，网民们很自然地会选择以较少的符号即网络流行语来表达意义；同时这样做还有利于缩短上网时间，节省开支。

1. 缩略语形式

（1）汉语拼音简略形式

网络语言中大量使用汉语拼音代替汉字的简写形式。例如，"DD"（弟弟）、"MM"（妹妹）、"RMB"（人民币）、"PLMM"（漂亮妹妹）、"BB"（宝贝、拜拜）。网络上使用的汉语拼音缩写不仅简洁，而且有趣，有时候为了表达含蓄的效果，也成为骂人话的避讳形式。例如"MMD"（妈妈的）、"TNND"（他奶奶的）、"TMD"（他妈的）。

（2）汉语缩写形式

汉语经常使用单语素代替双音节词语，这样使用起来非常的方便。例如"网校"（网络学校）、"网银"（网络银行）、"网管"（网络管理）、"电邮"（电子邮件）、奔腾（奔腾处理器）等。

缩略法构词在汉语中一直并不少见，如"文革""严打""扫黄打非""五讲四美"等，这种缩略法也应用在了网络新词的创造中，早在2010 年，李毅吧里就出现了"男默女泪"这一缩略词，全称为"男生看了会沉默，女生看了会流泪"，常用来形容某篇文章的主题，多与情感爱情有关。2012 年 11 月因为华中科技大学一男生表白失败这一事件更是出现了"十动然拒"这样的缩略词，意思是"女生十分感动，然后拒绝了他"，随后还有仿照这个词造的"不动然泼"，指不为所动，然后将一盆水泼了上去。用来形容屌丝被女神或男神狠狠拒绝后的凄凉结局。

类似的用缩略法构成的新词还有"喜大普奔""细思恐极""人艰不拆""累觉不爱""不明觉厉""社病我药""说闹觉余""地命海心"等更加抽象化的缩略语。

（3）英文缩略型

英文缩略形式是选取原词语中的重要字母。例如"CEO"（行政长官）、"GSM"（全球移动通讯系统）、"GPRS"（通用无线分组业务）、"HTTP"（超文本传输协议）、"IBM"（国际商业机器公司）。

以上多是选取英文词组中的首字母缩写，标示一个名词概念，简洁明了。这种缩写少的是两个字母缩写，多的达到四五个，但以三个字母最多。

还有一种是英文数字加字母的缩写方式。例如，"3G"是 Threegeneration（第三代）的缩写，"3c"（社会、内容、电子商务；计算机，通讯，消费类电子产品）、"3com"（电脑，通讯，兼容）。

（4）英文与汉语一起构成的缩略形式

汉语跟英语共同构成的缩略语能化名类别，帮助辨析、理解和记忆。例如"AGP 接口""BBS 文化""GSM 标准""WAP 手机""PDA 掌上电脑"。

上述英文与汉语共同构成的缩写形式，往往是用英文缩写表明全称，再用汉语点明性质。

（5）不规则的缩略语

例如，"I 服了 U"（我服了你）、"CU"（See You）的缩写带音译，再见；"IC"（I See）我看见了，"Q"（Cute）的音译，可爱；"RUOK"（Are you OK），等等。

2. 谐音形式

语音是由人类的发音器官发出的代表一定意义的声音，是音义结合的符号系统，谐音词的出现为语言提供了语音基础。谐音类的流行语在网络流行语中占了很大的比重。我们所说的"谐音词"就是不用原有的词语，而是利用汉字同音或近音的条件，把它们的读音稍微改变一下，用相近音的字或者相同音的字去代替原本字的词语。汉语中的谐音大多数是为了区别，而在网络语言中的谐音是为了提高效率，简化程序。我们很容易发现在网络流行语中的谐音词大部分都是把毫无关联的词语聚集到了一起，把一些抽象化的词汇变得生动有趣，又很易于理解，有很多词汇还带有一定的积极意义，带有比喻、讽刺的意味。

汉语中的谐音是利用语音相近，同音的汉字来代替，而不改变原本的意义。例如"斑竹"是版主的意思，指在 BBS 中称呼某一讨论版的发起人或管理人。"驴友"就是"旅友"，"海龟"是"海归"，"菌男"是"俊男"，"美眉"本来是"妹妹"，后来指网络上的美女，"大虾"是"大侠"的谐音，指的是资深网虫，或技术高超，文笔犀利，在网上有很好的声誉。"泥"是"你"的谐音。"偶"是"我"的谐音。"杯具"是"悲剧"、"美丽冻人"是"美丽动人"。还有一些是相同音代替而产生的谐音变异的词语，例如"围脖"是"微博"，微博是近几年新兴的一种通过关注机制分享简短实时信息的广播式的社交网络平台，很多网民都喜欢把自己的想法、动态发布在上面与大家一起分享，网民们给这类人起了一个有趣的名字叫"微博控"，把他们的这种行为叫作"织围脖"。还有像"压力山大"，意思是压力像山一样大，这个词由外国人名"亚历山大"通过谐音、暗喻演变过来的，后来出现了变体"鸭梨山大"，更加有了诙谐的意味。这也被人们广泛地接受，不仅是交际上的需要，还比较顺口、顺耳，充满了幽默感。

还有一类就是数字谐音形式。数字谐音通常是由 10 个阿拉伯数字组合而成，通过阿拉伯数字的汉语谐音去表示某种特定的含义，简单易记，输入方便，在表达方面更为含蓄，同时不乏诙谐与幽默，创新性强，能给人留下深刻的印象。

例如，"9494"（就是就是）、"88"（拜拜）、"7758"（亲亲我吧）、"7456"（气死我了）、"584"（我发誓）、"56"（无聊）、"5555"（呜呜呜呜）、"530"（我想你）、"1314"（一生一世）、"168"（一路发）。网络上一直还流传着一句非常经典的表白语："770，880，1314520"（亲亲你，抱抱你，一生一世我爱你）。这些都给我们的语言增添了很多魅力。再比如，2013 年的 1 月 4 日在网络上很是流行，大家口口相传说要是在2013 年的 1 月 4 日结婚的话，这对新人就会幸福一生，相爱一辈子，也就是"2013.1.4"这个日期的谐音暗示了"爱你一生一世"的诺言，365天中很平常的一天，它特殊的谐音被大家赋予了新的意义，让这一天变得不同寻常。

另外还有音译过来的外来词，比如说"秀"表示的是"show"，"伊妹儿"表示的是"E-mail"也就是电子邮件，"酷"表示的是"cool"，等等。

这些词语都为人们的交流提供了方便，在网络语言中很是流行，运用也非常普遍。

3. 符号形式

用键盘上的字母、标点和其他符号的组合创造出全新的图案来表示文字，这是网络语言的典型代表。符号型表达方式有直观、简明、生动、含蓄、幽默等特点，给网络上的人际交流增加了活力和情趣。这类表达方式最早出现在美国，后来传遍全世界，具有国际通用性。

在网络交流中，还会见到一些生动形象的脸谱符号。通过键盘上的符号组合起来，在达到语言交流的同时，还带给人一种创造的美感和欣喜，有着独特的色彩和情调，因此这些符号有着比文字更深更远的内涵。例如，"～～～^＿^～～～"（笑死我了）、"（ˇ□ˇ）"（不高兴）、"－＿－#"（恼火）、"０（∩＿∩）０～～"（开心）、"｜｜｜（＞＿＜）｜｜｜"（好冷）。这些表情符号可以简单明了地表现出人的面部表情，我们不得不惊叹网民的聪明才智，人们用符号把人的情感诠释得如此细微、生动、形象，网络交流的需要从而促使网络语言中大量表情符号的出现。在网络交流中，网民追求办事效率和速度，要尽可能地减少敲击键盘的次数，缩短互动等待的时间，从而达到交流的和谐顺畅。符号化词语的最大优势就是简洁，几个符号就能真实形象地表达一个想法，所以表情符号在网络语言中很是流行。

4. 新词新语类

新词新语又可以分为"新词新义""旧词新义"和"童言童语"三类：

（1）"新词新义"就是造出原来汉语词汇中没有的词语，并约定俗成地赋予这些词语以特定的意义。例如，"伤不起"，最初在校内网上以文章标题的形式出现，如"这样的……你伤不起"。但是它出现后并没有什么反响，而是在2011年流行起来，这与网络上的一篇题目为"学语法的人你伤不起啊！"的帖子有关。这个帖子列出了很多学习语法所遇到的困难和无奈，每句话的最后都以"啊"为结尾，后面还跟着许多感叹号，这被人们称为"咆哮体"。这个帖子发出后反响很大，"伤不起"也因此成为了年度流行词，"……你伤不起啊"也就成为了热门句式，被大家频频效仿、套用。再比如"高富帅"是指高大、富有、帅气的男人，是由三个单音节形容词并列构成的固定词组，原本这个词是网民们对青春偶像剧和日本动漫中男女主人公特征的概括，同时也寄托着对理想生活的向往和对平凡现实的自我解嘲，与之对应的是"白富美"。

（2）"旧词新义"就是利用汉语原有词形重新解释，增加新意义或新用法。这些意义往往都很诙谐幽默，或具有讽刺意味，与原来的意义相反或无关。例如，"打酱油"，以前的酱油都是零卖零买的，自己拿着瓶子到商店，你要多少，人家就给你称多少，这就是打酱油原本的含义。而现在的含义是指与此事毫无关系，只不过是路人而已。"拐点"，原本是高等数学的术语，指曲线上凸与下凹的分界点。后来应用于经济学中，用来指某种数值持续向高后转低或者持续向低后转高的转折点。现在一般用来说明市场运行中由高价位开始下跌或者由低价位开始上升的转折。还有就是"雷"，原本指的是云层放电时发出的响声，后来用于具有"雷"的震撼效果的人工制品，比如"地雷""手雷""鱼雷"。原来的"雷"用作名词，现在人们把"雷"字用作动词、形容词来表示收到惊吓或者十分震撼。临时工一词本是泛指在工作场所里非正式雇用的劳工，通常以日薪计酬，不像正式的劳工能够享有退休金与每月最低工资的保障。临时工分为约聘雇员与人力派遣这两类。聘用临时工的目的是为了处理短期出现的额外工作，例如因为长工放产假，所以聘临时工当替工。但这也同时导致了当工作上出乱子时，临时工都会作为替罪羔羊被首选开除。如浙江温州"山寨120事件"中开除两名临时工；延安城管伤人，肇事临时工被停职；中储粮林甸粮库几万吨粮食过火，直接损失近亿元，调查结果为临时工监管不力。针对这些事件，不少网友纷纷调侃，从而给"临时工"一词增加了"替罪羔羊"的讽刺意义。"大妈"一词本来泛指年龄较大的女性，在2013年金价大跌期间，有关中国抢金风潮震动华尔街的消息在网络疯传，"中国大妈"全力加盟，论公斤入手，像买大白菜一样随便，竟然让国际金价起死回生，由于参与抢金的中国民众以购买黄金饰品的中年女性为主，网友把那些参与抢金的中国民众称为中国大妈。有媒体称，在这场华尔街金融大鳄与"中国大妈"的黄金战中，"中国大妈"完胜，使得高盛不得不停止做空黄金，以至于引发外界对"中国大妈"抢购黄金的关注。《华尔街日报》甚至专门创造了"dama"这个用汉语拼音得来的单词，大妈一词从此具有了新的含义。"土豪"原指在乡里凭借财势横行霸道的坏人，土豪被中国人所熟知，与土改和革命时期的"打土豪，分田地"有关。那时的土豪，是被专政与被打击的对象，为富不仁、盘剥贫苦农民、破坏革命等是他们的标签。后在网络游戏中引申为无脑消费的人民币玩家。2013年9月9日，微博上发起"与土豪做朋友"以及"为土豪写诗"活动，诞生了"土豪我们做朋友吧"这句名言，再次加剧了土豪的走红。这里的土豪已经成为一个标签，与屌丝、白富美等词一起，划分出社会中的一部分新的群体。从过去的煤老板、暴发户到现在的土豪，有社会学家认为这一新词的出现隐喻社会贫富差距的突出，是社会分层的表现。

（3）"童言童语"是指成人用儿童式的重叠词作为交际语言。这一语言特点适应了当今网民年龄幼小化的客观情况和年轻人不愿长大，喜欢"装小"的心理特征。例如，"东东"即是东西，"怕怕"即是害怕，"漂漂"即是漂亮，"等一下下"即是等一下。

5. 语音重叠形式

叠音词是将相同的音节重叠起来而形成的词，网络流行语中有些是叠音词，这种叠音词数量虽少，却广为流传，被很多主流媒体所引用，在新闻报道或者新闻标题中也频频出现。叠音词因为它的音节重叠从而加强了韵律美，说起来比较顺口，也很随意、亲切、形象。例如"躲猫猫""楼脆脆""范跑跑"等。

（三）网络流行语的特点

网络流行语是网民在网络空间用于交流的、约定俗成的语言，它集很多特点于一身，并广泛被大家接受。网络流行语的主要形式表现为词、短语、句子、符号等，主要特点如下：

1. 创新性

创新性是网络语言一个显著的特点。网络流行语的形成，在一定程度上抛开了汉语语法的束缚，所以在创作过程中具有很大的扩展性。由于网络流行语新模式的不断衍生，其在语用上就必须要突破传统的束缚，打破原有的语言结构，因此也就出现了许多新的用法。如"钓鱼"原本就是捕捉鱼类的一种方法，但是网络语言中，人们就将"钓鱼"用来指执法人员通过"钓钩"诱惑一个原本没有违法意图的人去从事违法活动，然后实施执法。这种说法早已存在，因 2009 年 10 月，上海发生的一起查"黑车"事件而重新引起关注并流行。凡是违反法律精神，别有用心地诱人上钩，都可以称为"钓鱼"。"杯具"本是名词，原意指盛水的器具，而在网络语言中，"杯具"表示为悲剧意，即"主观地表示不如意、不顺心或者失败，或者是委婉地对别人表示某方面的不满，主要靠意会，一般戏谑的味道比较强"。"纠结"，原本是一个动词，表示互相缠绕。自从四五年前的一部动画片中有个角色大呼"纠结啊"之后，"纠结"便在网络上走红。2009 年起，在纸质媒体中十分常见，而且出现了很多的用法，它既可以作为名词，表示解不开的心结；还可以作为动词，表示陷入复杂而尴尬的境地；另外还可以作为形容词，表示思绪的极度困惑或混乱。2011 年的流行语中"卖萌"中的"萌"字，就是从日语中借用过来的，它原指非常好的事物。"萌"字来到中国后就有了可爱、性感、讨人喜欢的新义项，可以说"萌少女""萌翻了"等。这些词的产生都很有创新性，由网络流行语的多种分类就可以看出人们对于语言的改造，体现出了语言运用的创新性。

2. 简洁性

网络语言与日常生活联系紧密，这使那些简洁、输入方便、传播快捷的用语备受推崇。网络语言多是根据发音音译而来的，如"大虾"代替"大侠"、"驴友"代替"旅友"。其次，在一些网络语言中，人们习惯用简单的字母缩写代替文字，如"MM"代替"妹妹"、"GG"代替"哥哥"。一些网民喜欢在聊天的过程中用数字来表述自己的观点，如"775"表示"亲亲我"，"88"表示"再见"。此外还有"秒杀""给力""志忑""接地气"等。简简单单的三个字，他所表示的含义不用给出多余解释却有不言而喻的功能，让人心领神会。还有像"此处省略一万字"，这给人们留下了充分空间去发挥和想象，简单的四个字，却可以表示很多的内容。用最少的词汇表达出最丰富的意义和内涵，让人们在生活中的使用频率越来越高。

3. 生动性

在网络世界中，人们可以通过丰富的表情去表达自己要的观点，因此产生了很多的表情符号。这些表情符号，能准确地表现人们的心情或情绪，还提高了人们的打字输入效率。用生动化和形象化的词汇展现心情，可以和聊天对象快速共鸣，带动聊天的情绪，给聊天带来很大的乐趣。生动形象也是网络流行语的一个主要特点，它符合年轻网民信息娱乐化的潮流，格外受年轻人的欢迎。

4. 省音现象

网络流行语言中还有一种特殊的省音现象。它与英语中字母间的连读有些相似但又不完全相同。英语中的连读就是将两个单词的发音连在一起，并不会减少任何一个音素。但是网络流行语言中却正好相反，网络语言中的省音现象不仅将两个字的发音连在了一起，还会省去其中的一些音素，对音节进行合并。人们在日常生活中的口语交际由于有时候语速过快，人们会将两个字的发音连起来，让对方听起来就像是只说了一个字。但是如果用书面的形式记录下来的话，通常就会让人一目了然。但是在网络语言中，这种现象却被网民们广泛使用，相互模仿，使其迅速地流行起来。例如，"……你不要老是酱紫嘛！""酱紫"的意思是"这样子"，既有了视觉的效果，同时又隐含了味觉效果，但是就原词和省音后的词对比而言，两者的关系可以说是完全不相干；就上下文而言，它们与句子的意思也没有任何的联系，这样的表达很具有一定的前卫性。

5. 文体性

网络文体指起源或流行于网络的新文体，通常是由于一个突发奇想的帖子、一次集体恶搞或者一个热点事件而产生，网络文体一般形式自由，特点鲜明，在一段时间内会引起较高的关注度。所谓的网络文体其实就是一种"句式仿写"，因为它时尚、新鲜，所以备受大家的追捧，不论在网络世界还是现实生活中都常常被套用，充分发挥了自己的想象力。

2010 年　凡客体、回音体、QQ 体、羊羔体、亲密体、剑雨体、乡愁体、投身体、红楼体、亮叔体、李刚体、菜刀体、后宫体、日和体

2011 年　撑腰体、咆哮体、唤醒体、淘宝体、陆川体、见与不见体、TVB 体、Hold 住、青年体、方阵体、丹丹体、私奔体、子弹体、赵本山体、高铁体、大概体、膝盖中箭体、方阵体、淘宝体、蓝精灵体、怨妇体、撑腰体、王家卫体

2012 年　德纲体、眼中体、芒果体、高晓松体、忍够体、明星体、韩庚犀利体、三省体、暴打分手体、自言自语体、大抵如此体、深夜体、生活体、海燕体、合并体、惆怅体、甄嬛体、思考人生体、元芳体、玛雅体、财神体、切糕体、中国好声音体

　　2013 年　板蓝根体、包裹体、臣妾体、张太体、长发体、王菲体、蒜泥体、马上体、没砍死你体、陈欧体、我是歌手体、找狗体、拒爱体
　　例如：
　　［1］凡客体

　　　　A. 韩寒：
　　　　爱网络，爱自由，
　　　　爱晚起，爱夜间大排档，爱赛车；
　　　　也爱 59 元的帆布鞋，我不是什么旗手，
　　　　不是谁的代言，我是韩寒，
　　　　我只代表我自己。
　　　　我和你一样，我是凡客。
　　　　B. 王珞丹：
　　　　我爱表演，不爱扮演；
　　　　我爱奋斗，也爱享受生活；
　　　　我爱漂亮衣服，更爱打折标签；
　　　　不是米莱，不是钱小样，不是大明星，我是王珞丹。
　　　　我没什么特别，我很特别；
　　　　我和别人不一样，我和你一样，我是凡客。

　　［2］见与不见体

　　　　你见，或者不见我，我就在那里，不悲不喜；
　　　　你念，或者不念我，情就在那里，不来不去；
　　　　你爱，或者不爱我，爱就在那里，不增不减；
　　　　你跟，或者不跟我，我的手就在你手里，不舍不弃；
　　　　来我的怀里，或者，让我住进你的心里。
　　　　默然，相爱；寂静，欢喜。

　　［3］甄嬛体

　　　　A. 言必称"本宫、臣妾、嫔妾、朕、哀家、孤"；描述事物用

双字：方才、想来、极好、左右、罢了。

  B. 流传的甄嬛体还需一个反转——"说人话"。

  C. 短语、短句：若是……想必是极好的，但……倒也不负……

  D. 用于形容一件事物完美："这真真是极好的"。

[4] 陈欧体

  我是陈欧，聚美优品创始人。蜗居，裸婚，都让我们撞上了。别担心，奋斗才刚刚开始，80后的我们一直在路上。不管压力有多大，也要活出自己的色彩，做最漂亮的自己。相信我们，相信聚美。我是陈欧，我为自己代言。

6. 时代性

流行语是一种词汇现象，它反映了一定时期内一个国家、一个时期人们所关注的事情，它跟有的事物一样，具有流行的阶段性，不会一直存在。它反映了人们的生活、顺应了时代发展的要求。

三　新媒体下的流行语（以手机流行语为例）

  手机已经成为人们日常生活中必不可少的交际工具，充斥着人们的生活，是语言传播的一种载体，它的出现造就了一种新的文化出现，也就是人尽皆知的"拇指文化"。手机流行语是指为人们所接受的并在一定时期、一定范围内广为流传的在手机上使用的语言，它的产生有社会各方面的基础，也对社会有着一定的影响。

（一）手机流行语的产生

  手机流行语虽然是一种新的语言形式，但对我们的生活产生了不小影响，是人们日常交际中有所不同的一种交际方式。短信正在走近千家万户，悄然改变着人们的生活，在年轻人中间，用手指熟练操作手机写短信的人被称为"拇指一族"；跨越时空的"短信聊天"成为一种时尚；逢年过节，短信更成了传递感情的新媒介；而短信构成的产业和市场也被人称为"拇指经济"。

1. 随着高科技的现代通讯工具的日益普及，用手机短信交流彼此间的信息、传达感情已成为人们一种新的生活方式。人们的学习工作生活节奏不断加快，在紧张的节奏中，用手机发一条信息，表达祝福，交流情感，传递信息，不仅达到了交流的目的，而且给紧绷的大脑带来一丝放松。

2. 从物质角度看，手机短信非常经济实惠，使广大的手机用户更热衷于手机短信息，手机短信息无须通过第三者即可直接交流。发一条短信，即使关了机也可照收不误，这是以往用 BP 机和座机电话之类的通讯工具所无法比拟的，而且手机短信的即时性更让人们青睐这一交际方式。相比之下，E-mail 和书信就没有短信及时。

3. 从精神角度看，手机短信丰富多彩的内容囊括了人们生活和情感的各个方面，人们在真诚的祝福与关爱的话语中领略生活的乐趣及人情的可贵。手机短信带给人们另一种全新的精神享受。

（二）手机流行语的类型

1. 信息传递类

手机短信的主要功能就是通过文字来代替有声语言在人与人之间传递信息，比如通知一些事情、询问一些问题、传递情感、对话聊天，等等，通常情况下都是在有需要的情况下来传递信息，这类手机流行语具有及时性和私密性，也真正实现了手机短信的通讯功能，人们在日常生活中广泛应用。

2. 娱乐消遣类

这一类的手机流行语目的性较强，比如说可以传递快乐、祝福，表达个人情感，很久没有联系的朋友不知对方近况因而不知说点什么话题，都可以传递这种类型的短信。这类短信的内容通常都是有特定的作者编辑好了文本上传到网络上供人们下载浏览。这类短信具有公开性，没有固定接收的人群。

3. 宣传活动类

此类短信一般是由商家跟通讯部门进行合作，商家付给通讯商费用，由通讯商统一向手机用户发送相关信息，比如说某商家正在筹划什么优惠活动，购物抽奖等。此类信息一经发出，就会扩大知晓的范围，参与的人越多，商家就会获得更多的利益，此类短信大多为盈利性的。

（三）手机流行语的特点

1. 手机流行语比较短小精炼，能简洁地表达出要呈现给对方的想法。例如，"新的一年里，让我们将友谊进行到底！！"非常简短的一句话，不仅拉近了人与人之间的距离，又增添了些许的时尚气息。

2. 感情色彩十分浓厚

手机流行语多为一些贴心关怀、幽默风趣、独具风格的语句，能够带给人们丰富的娱乐情感，从而更加吸引人们的兴趣并广泛使用。

[1] 情意悠长，写下思念几行；淡淡问候，把祝福留在你身边；岁月匆匆，写尽惊艳的过往；元旦来临，再塑你一年新的辉煌。真诚祝愿你节日快乐，拥抱梦想！

[2] 迎接除夕，惊喜无限；福星高照，福满家园；禄星进门，加爵升官；寿星贺春，寿比南山；喜神报喜，好运无限；携手众仙，共迎新年；祝你新春，吉祥美满！

[3] 我的爱情被你影响，总找不到。我的安乐窝被你干扰，如愿不了。我的生活被你冲击，很是糟糕。我的世界被你打破，欢乐很少。唉，让人又爱又恨的钞票！

[4] 一个星期不见，我就想你了，每次嘴馋都想把你找，在我的心目中，你很重要。我愿意掏腰包，请你到我家里烤一烤、炒一炒。呵，你别激动，我说的是猪肉！

3. 运用修辞手法

排比、比喻、夸张、反复、重叠、对偶、双关、对比等修辞方式的大量运用使得语言更加生动形象，独具一格，丰富多样，使手机短信形式新颖、让人印象深刻而被人们广泛接受。

[5] 心愿是风，快乐是帆，祝福是船，让心愿的风吹着快乐的帆，送着祝福的船，漂向永远幸福的你，轻轻地道一声：生日快乐！

[6] 百事可乐！万事芬达！天天娃哈哈！月月乐百事！年年高乐高！心情似雪碧！永远都醒目！身体如红牛！新年快乐！

[7] 明月，一闪一闪，挂天边；思念，一丝一丝，连成线；回

忆，一幕一幕，在眼前；愿一年一年人团圆！

[8] 流星划过天际，我错过了许愿；浪花拍上岩石，我错过了祝福；故事讲了一遍，我错过了聆听；人生只有一回，我庆幸没有错过你这个好友！今晚邀你共同赏月！

[9] 黄河滚滚，川流不息，长江滔滔，源远流长。走过千山万水，经历一段坎坷里程，铸就一份辉煌，是一股气息。感动！为之动容，到如今，举国齐欢，普天同庆，共享幸福。

[10] 中秋节花好月圆，你家圆，我家圆，家家团圆；国庆节万民同庆，江南庆，江北庆，举国同庆。

[11] 新的一年，心的希望；新的开始，心的收获；新的起点，心的快乐。愿幸福财富永伴你左右，新年快乐！

（四）手机流行语的功能

手机流行语特别是其中的手机短信以其特殊的传播形式被人们称为继"第四媒体"——网络之后的"第五媒体"。这不难理解，手机短信与网络有密切关系。"手机短信的信息源以及发送都和因特网有密切关系。手机短信也是一种网络传播，但主要还是人际传播。"[1]

1. 人际交际功能

手机流行语具有与大众传播一样的社会功能，即沟通作用。传播"使得人与人之间沟通更为频繁，交往更为密切，使社会成员的心理更接近，行为趋向一致，从而逐步抛弃孤独、自卑等观念，产生群体感、社会感和寻求一致的价值观念。在开放社会，人们只有不断加深了解，关心社会，增强责任感，才能更好地促进社会的改变"[2]。中国人表达情感不像外国人那么直接，很多都是比较含蓄的，同时又很委婉。手机流行语的出现也正是迎合中国人的这种交际特点，让语言变得更加回味无穷。手机流行语不但明确地表达了想传达给对方的意思，从而达到了交际的真正目的，这一交际方式也越来越受到人们的推崇。

比如说人与人之间的关爱，如果当面说出来的话大家都会觉得难为

---

① 赵俐：《语言宣言——我们关于语言的认识》，中国经济出版社 2003 年版。

② 戴元光：《传播——人的本能》，上海交通大学出版社 2003 年版。

情，难以启齿，但是通过手机流行语这种交际方式就会表达得恰到好处。

[12] 天气变得好快，寒风悄悄袭来，因为你的可爱，所以给你关怀，晚上毯子要盖，别把猪脚冻坏，没事叼根骨头，那样可以补钙！不要再骂我坏。祝你天天愉快！

[13] 一壶老酒，绵香醇厚；一段越剧，情意悠悠；一段岁月，难以忘记；一句祝福，伴你左右；一群朋友，知心牵手；一条围巾，温暖冬天；一条短信，送去问候！

[14] 一声问候，一个短信，一个拥抱，一个眼神，一条围巾，用你的小手温暖下彼此；请记得，天冷了，多加衣。别感冒了，如果你不幸不小心打了个喷嚏，请记得，那一定是我在想你哦！

还有一种是恋人间的交际，现在手机流行语中有很大一部分是有关于爱情的，这种传达爱意的方式让人觉得更加有余味。这种新兴的方式让爱意不再那么难以启齿，而且又具有很强的私密性，不会让人觉得尴尬，没有面子。而且恋人间的这种交流，还会给彼此之间留下很多回忆，可以留作纪念，清晰地记录彼此之间的爱情道路。

[15] 鹊桥仙，许心愿，许下美好爱情圆；月儿美，星光灿，天荒地老心里盼；有情人，终眷属，美满幸福一辈子！

[16] 我的心愿放在你手里，握住深情甜如蜜；我的情愿装进你心里，心中有爱永不渝；我的爱愿望入你眼里，满眸柔情有深意。

[17] 假如你是落日，我愿做一轮冬日的暖阳融入你的胸怀。如果你是晚风，我愿做一只健壮的风筝永远伴你飞翔。

2. 娱乐功能

语言不仅仅是传递信息，更是一门艺术，而且语言本身就带有一种娱乐的功能。手机流行语的这一娱乐功能更是满足了人们的精神世界，让人们得到精神上的放松与快乐。现在的生活节奏越来越快，人们更是忙于工作忙于学习，在精神世界里有了很大的一块空缺，在生活与学习的压力之下，手机流行语简短的一些字眼，却能传达出丝丝情意。

[18] 一别之后，两情相牵，三餐乏味，四季无光，五谷不辨，六神无主，七颠八倒，究竟为何？十分相思，百般无奈。

[19] 想你想的都不行了，穿衣裳也没有造型了，跟谁也整不出感情了，走到哪也不受欢迎了，想问题也赶不上列宁了，心脏没事也偷停了，得肺炎也不典型了。

[20] 你是我心中的太阳，可惜下雨了；你是我梦中的月亮，可惜被云遮住了；你是我心中最美的花朵，可惜开过了；你是天上的嫦娥降临人间，可惜脸先着地了。

　　手机流行语和网络流行语一样，靠的也是一种网络，但是它需要的是通信网络。不同文化层次的人们通信媒介的网络中，依靠着手机流行语传播功能与沟通展现着自我，不需面对面的交流。于是，内心被积蓄和压抑的沟通需求、寻求理解和倾诉的心理一触即发，在这个通讯世界里人们可以自由自在地驰骋和抒发自己的思想和语言，完全释放了人们的心灵，让人们自由支配自己的话语权，实现了无限制交流和沟通，它在实现语言功能的扩张、为社会传播增添助力的同时，也将语言的娱乐功能发挥到极致。

　　附表：

2014 年度中国报纸十大流行语

1	综合类十大流行语	马航失联、乌克兰局势、新"国九条"、京津冀一体化、国企改革、丝绸之路经济带、权力清单、零容忍、雪龙号、去哪儿
2	国内时政类十大流行语	单独二孩、不动产登记、国家公祭日、南海问题、财税体制改革、人的城镇化、打大老虎、新环保法、三个一亿人、油改
3	国际时政类十大流行语	"岁月"号沉船、克里米亚公投、日本解禁集体自卫权、塞西、伊拉克局势、封锁曼谷、诺曼底登陆70周年、侵华档案、环太军演、夫人外交
4	经济类十大流行语	利率市场化、房产税、虚拟信用卡、楼市限购松绑、微信红包、移动支付、"宝宝"大战、微刺激、微店、自住房摇号
5	科技类十大流行语	智能家居、中国南极泰山站、可穿戴设备、月宫一号、天河二号、"罗塞塔"号、门线技术、XP退役、车联网、微软小冰
6	文化教育类十大流行语	邵逸夫逝世、职业教育、夺刀少年、在线教育、红楼梦、马尔克斯逝世、纸熊猫、深泉学院、穿青人、工士学位
7	体育娱乐类十大流行语	巴西世界杯、索契冬奥会、马上体、点赞、都教授、最强大脑、中国好歌曲、且行且珍惜、苏神咬人、你懂的
8	社会生活类十大流行语	最美家庭、婴儿安全岛、电子港澳通行证、聘任制公务员、茶叶蛋、主席套餐、儿童安全座椅、人物同检、裸辞、电子鞭炮

2013 年度春夏季中国报纸十大流行语

1	综合类十大流行语	中国梦、H7N9 禽流感、雾霾天、神舟十号、国五条、雅安地震、八项规定、正能量、棱镜门、厉行节约
2	国内时政类十大流行语	新交规、家庭农场、新型城镇化、大部制改革、简政放权、最难就业季、学习粉丝团、光盘行动、铁路政企分开、"老虎""苍蝇"一起打
3	国际时政类十大流行语	塞浦路斯危机、博鳌亚洲论坛、波士顿爆炸案、别列佐夫斯基、朝鲜半岛局势、马肉风波、朴槿惠出访、习奥会、"罗老"号发射、查韦斯去世
4	经济类十大流行语	钱荒、抢票软件、比特币、余额宝、营改增、影子银行、中国大妈、限奶令、流动性紧张、汇金增持
5	科技类十大流行语	3D 打印、太空授课、"蛟龙"号、天河二号、运－20、北斗导航系统、iOS7、高分一号、功能性治愈、太空船二号
6	文化教育类十大流行语	高温、袁厉害、临时工、限外令、婴幼儿奶粉监管、假离婚、先看病后付费、发泡餐具解禁、斑马行动、中华遗嘱库
7	体育娱乐类十大流行语	"刀锋战士"、关天朗、致青春、我是歌手、大黄鸭、旅游法、哈尼梯田、卡马乔下课、大文化、你摊上事儿了
8	社会生活类十大流行语	房多多、死猪、板蓝根、镉大米、到此一游、厦门公交车起火案、维 C 银翘片、神农丹、聂树斌案、电梯安全

2012 年度春夏季中国报纸十大流行语

1	综合类十大流行语	神舟九号、明胶、黄岩岛、伦敦奥运会、穆巴拉克、小微企业、欧洲杯、学雷锋、农业科技、舌尖上的中国
2	国内时政类十大流行语	社保基金、文化体制改革、梁振英、钓鱼岛、小产权房、公立医院改革、三沙市、刑诉法修正案、共青团成立 90 周年、尼尔伍德死亡案
3	国际时政类十大流行语	奥朗德、普京、核安全、穆尔西、叙利亚危机、金正恩、联合军演、伊丽莎白二世登基 60 周年、封锁霍尔木兹海峡、希腊大选
4	经济类十大流行语	阶梯电价、战略性新兴产业、下调存款准备金率、金融改革、首套房贷利率、融资难、结构性减税、创业板退市制度、楼市回暖、中等收入陷阱
5	科技类十大流行语	手控交会对接、蛟龙号、女航天员、节能补贴、金星凌日、上帝粒子、超级本、Windows 8、"太阳驱动"号、谷歌眼镜
6	文化教育类十大流行语	最美司机、任督二脉、PM2.5 监测、"高富帅""白富美"、最低工资标准、托举哥、93 号汽油、"常回家看看"、"保护性拆除"、烟草院士
7	体育娱乐类十大流行语	文化产业发展、延安文艺座谈会 70 周年、代笔门、过云楼藏书、林书豪、巴神、奥运选拔赛、泰坦尼克号、惠特尼·休斯顿、杜甫很忙
8	社会生活类十大流行语	网络谣言、活熊取胆、毒胶囊、医闹、"塑年堂"、吴英案、"双非"孕妇、嫖宿幼女罪、"三非"外国人、"小产权墓"

续表

9	教育专题类十大流行语	孔子学院、校车安全、南科大、异地高考、"超级中学"、关爱留守儿童、最美教师、民工随迁子女教育、营养午餐、生源危机

2011 年度春夏季中国报纸十大流行语

1	综合类十大流行语	食品安全、"十二五"规划、日本地震、核泄漏、醉驾入刑、中国共产党建党 90 周年、京沪铁路、击毙本·拉登、个税起征点、利比亚局势
2	国内时政类十大流行语	中国特色社会主义法律体系、幸福广东、红歌、离岛免税、稳定物价、国家赔偿、"新国八条"、辛亥革命100周年、胡锦涛访美、南海问题
3	国际时政类十大流行语	柏威夏寺、斯特劳斯·卡恩、古滕贝格、埃及骚乱、欧债危机、石油危机、金砖五国、中俄石油管道、肠出血性大肠杆菌、白俄罗斯地铁爆炸
4	经济类十大流行语	支付宝、征收房产税、楼市调控、上调存款准备金率、支付牌照、金融IC卡、房价涨幅、"双反"措施、住房公积金利率上调、海峡两岸经济合作框架协议
5	科技类十大流行语	沃森、iPad2、歼20、北斗星系统导航、v750无人直升机、X-47B无人机、"太阳驱动"号、盘古搜索、李氏果、朱鹮全基因组序列图
6	文化教育类十大流行语	摇号购车、幸福感、网络水军、旱涝急转、超级月亮、动车实名制、恐艾症、故宫被盗、公共场所全面禁烟、赴台个人游
7	体育娱乐类十大流行语	红色旅游、中国旅游日、国家博物馆、富春山居图、国家形象宣传片、中欧青年交流年、西湖申遗成功、博物馆免费开放、李娜、刘翔
8	社会生活类十大流行语	瘦肉精、塑化剂、药家鑫、郭美美、电信欺诈、天价酒、染色馒头、三公消费、微博打拐、西瓜膨化剂
9	娱乐类十大流行语	建党伟业、旭日阳刚、伊丽莎白·泰勒、王室婚礼、咆哮体、裸婚时代、"锋芝"婚变、私奔体、《忐忑》、虐心剧
10	教育专题类十大流行语	五道杠、虎妈、南方科技大学、异地高考、教育规划纲要、网络公开课、上海纽约大学、清华大学百年校庆、大学校长全球峰会、本科生阅卷

2010 年度春夏季中国报纸十大流行语

1	综合类十大流行语	地震、上海世博会、低碳、房价调控、南非世界杯、维和警察、债务危机、校园安全、十二五规划、墨西哥湾漏油事件
2	国内时政类十大流行语	沈浩、高铁、驻京办、曹操墓、公平正义、杨济源、新生代农民工、学习型党组织、海南国际旅游岛、精神损害赔偿
3	国际时政类十大流行语	红衫军、吉尔吉斯斯坦骚乱、核安全峰会、"天安"号事件、鸠山由纪夫、英国大选、莫斯科地铁爆炸、反捕鲸、波兰总统专机失事、美国医改

续表

4	经济类 十大流行语	高盛、经济复苏、用工荒、经济合作架构协议（ECFA）、收购沃尔沃、创业板指数、中国—东盟自由贸易区、丰田"召回门"、结构性减税、提高存款准备金率
5	科技类 十大流行语	日环食、3D 电视、王跃、一站式、平板电脑、人造生命、强子对撞机、三网融合、大熊猫基因组、厦门翔安隧道
6	文化教育类 十大流行语	吴冠中、阿凡达、犀利哥、小虎队、杜拉拉升职记、富春山居图、"澳门学"、非诚勿扰、华君武、网络春晚
7	体育娱乐类 十大流行语	萨马兰奇、温哥华冬奥会、曼德拉、赌球、东亚四强赛、花样滑冰、呜呜祖拉、扎库米、瑞士女排精英赛、女子短道速滑
8	社会生活类 十大流行语	绿豆、团购、大蒜、秒杀、垃圾分类、火车票实名制、最低工资标准、严打黄赌毒、百度被黑、谷歌退出中国
9	住房专题类 十大流行语	城市，让生活更美好、世博园、中国馆、海宝、城市最佳实践区、主题馆、生命阳光馆、世博轴、世博门票、世博护照
10	住房专题类 十大流行语行语	房产税、地王、二套房贷、胶囊公寓、国十一条、政策性住房、投机性购房、经转商、78 家央企退出、新国十条
11	突发专题类 十大流行语行语	玉树地震、手足口病、透水事故、雪灾、天坑、山体滑坡、冰岛火山灰、西南大旱、洪涝灾害、校园血案
12	社会问题专题类 十大流行语	富士康、张悟本、地沟油、海上皇宫、天上人间、赵作海案、止咳水、毒豇豆、山寨 ATM 机、局长日记

2009 年度春夏季中国报纸十大流行语

1	综合类 十大流行语	扩大内需、落实科学发展观、甲型 H1N1 流感、金砖四国、海上阅兵、地球一小时、新中国成立 60 周年、"5·12"地震一周年、纪念五四运动 90 周年、朝鲜发射卫星
2	国内时政类 十大流行语	卢武铉、红衫军、猛虎组织、奥巴马就职、关塔那摩监狱、伊朗大选、法航失事客机、"骗补门"、布内尔地区、"铸铅行动"
3	国际时政类 十大流行语	兽首、医药卫生体制改革、西藏民主改革 50 周年、房市、武隆山体滑坡、防灾减灾日、整顿低俗之风、"小金库"治理、大学生就业难、中国渔政 311
4	经济类 十大流行语	伦敦金融峰会、金融危机、经济刺激计划、旅游消费券、宽松货币政策、通用破产、海外并购、中铝力拓、可口可乐收购汇源
5	科技类 十大流行语	上网本、阿特兰蒂斯号、嫦娥一号卫星、天翼 3G 手机、"嗅碳"卫星、天宫一号、Windows7、谷歌纬度、生物燃料、小灵通退币
6	文化教育类 十大流行语	罗京、《南京！南京！》、文理分科、繁简之争、文怀沙、《国家》、世界读书日、学术不端、绿坝－花季护航、高考舞弊案
7	体育娱乐类 十大流行语	亚洲之路、直通横滨、中国女子冰壶、奥运缶拍卖、迈克尔·杰克逊、小沈阳、刘谦、《不差钱》、英伦组合、鸟巢 演唱会（音乐会）

续表

8	社会生活类 十大流行语	以旧换新、汽车之乡、3G 拍照发放、谷歌中国、后悔权、抗旱应急预案、居民健康档案、邮政普遍服务、外贸大集、八百壮士
9	甲型 H1N1 流感专题类 十大流行语	甲型 H1N1 流感、猪流感、达菲、出入境检验检疫、居家观察、感染病例、输入性病例、甲型流感二代病例、易感人群、行政处罚（瞒报）
10	海峡两岸专题类 十大流行语	两岸关系和谐发展、《告台湾同胞书》30 周年、台北市立动物园、第三次陈江会、两岸空中定期航班、共同打击犯罪、中华大辞典、双赢之旅、台湾、大陆行
11	社会问题专题类 十大流行语	躲猫猫、满文军、许宗衡、徐梗荣案件、瘦肉精、嫖宿幼女案、邓玉娇案、罗彩霞事件、成都公交车燃烧、"5·7"交通肇事案

网络流行语

2014 年度	且行且珍惜、你家里人知道吗？画面太美我不敢看、萌萌哒、现在整个人都不好了、也是醉了、我只想安静地做个美男子、买买买、现在问题来了、有钱，就是任性
2013 年度	中国梦、光盘、倒逼、逆袭、女汉子、土豪、点赞、微 xx、大 V、奇葩
2012 年度	正能量、你幸福吗、元芳，你怎么看、屌丝、xx style、躺着也中枪、高富帅、中国式、压力山大、赞
2011 年度	亲、hold 住、伤不起、我反正信了、坑爹、卖萌、吐槽、气场、悲催、忐忑
2010 年度	浮云、给力、李刚、观音哥、鸭梨、艰难、蒜你狠、围脖凡客体、涂料比化妆品

2013 年度中国主流媒体十大流行语

1	综合类	三中全会、全面深化改革、斯诺登、中国梦、自贸区、防空识别区、曼德拉、土豪、雾霾、嫦娥三号
2	国内时政类	党的群众路线教育实践活动、钓鱼岛、党内法规、专题民主生活会、八项规定、新型城镇化、车改、周边外交、正"四风"、老虎苍蝇一起打
3	国际时政类	叙利亚问题、台风"海燕"、波士顿爆炸案、撒切尔夫人逝世、美政府关门、韩亚空难、底特律破产、穆尔西下台、开城事件、泰国局势
4	经济类	民营银行、遗产税、互联网金融、比特币、钱荒、中国大妈、信息消费、余额宝、自住型商品房、存款税
5	科技类	神十、4G（第四代移动通信技术）、3D 打印、无人机、旅行者 1 号、运 -20、天河二号、可燃冰、"玉兔"号、石墨烯
6	教育类	太空授课、汉字听写大会、高考改革、最美校长、通用规范汉字表、游学团、积分入学、减负十条、慕课、大学章程
7	文化体育类	旅游法、大黄鸭、恒大夺冠、最美乡村、网络文学、卡马乔、孙杨、园博会、文明出游、申遗（珠算、天山、哈尼梯田等）

续表

8	娱乐类	小时代、小伙伴、女汉子、爸爸去哪儿、飞机大战、高端大气上档次、上头条、五仁月饼、网络新成语、熊孩子
9	社会生活类	双十一、H7N9禽流感、转基因、郑益龙、光盘行动、社会抚养费、广场舞、二维码、潮汐车道、打车软件
10	民生专题	以房养老、汽车三包、宽带中国、常回家看看、棚户区改造、"三旧"改造、定制公交、清洁空气行动计划、新消法、弃婴岛

2012 年度中国主流媒体十大流行语

1	综合类	十八大、钓鱼岛、美丽中国、伦敦奥运、学雷锋、神九、实体经济、大选年、叙利亚危机、正能量
2	国内时政类	小康社会、生态文明、顶层设计、三沙市、网络反腐、农业科技、走转改、海洋强国、辽宁舰、结构性减税
3	国际时政类	穆尔西、骑马舞、碳税、铁穹、光明星3号、飓风"桑迪"、核安全峰会、联合军演、独岛问题、世界末日
4	经济类	小微企业、稳增长、民间资本、逆回购、营改增、欧盟"财政契约"、电商价格战、利率市场化、财政悬崖、希腊退出欧元区
5	科技类	蛟龙号、好奇号、手控交会对接、页岩气、歼-15舰载机、金星凌日、科技体制改革、上帝粒子、龙飞船、大数据
6	文化类	文化强国、莫言、微电影、舌尖上的中国、字母词、新"24孝"、南怀瑾、道德讲堂、保护性拆除、过云楼藏书
7	体育娱乐类	林书豪、孙杨、中国好声音、徐莉佳、消极比赛、江南Style、鲍姆加特纳、元芳体、甄嬛体、××很忙
8	社会生活类	最美××（最美司机、最美警察、最美妈妈等）、阶梯电价、高富帅、屌丝、异地高考、失独者、养老金入市、抵制网络谣言、中国式过马路、你幸福吗
9	民生类专题	节能补贴、毒胶囊、12306（网购火车票）、大病保险、PM2.5监测、医药分开、高速免费、白酒塑化剂、阿尔茨海默病、强农惠农富农

2011 年度中国主流媒体十大流行语

| 1 | 综合类 | 中国共产党建党90周年、"十二五"开局、文化强国、食品安全、交会对接、日本大地震、欧债危机、利比亚局势、乔布斯、德班气候大会 |
| 2 | 国内时政类 | 辛亥革命一百周年、三公经费、走转改、加强和创新社会管理、稳定物价、"7·23"甬温线特别重大铁路交通事故、打四黑除四害、赴台个人游、南海问题、中国特色社会主义法律体系形成 |

续表

3	国际时政类	卡扎菲、击毙本·拉登、穆巴拉克受审、"占领华尔街"、柏威夏寺、季莫申科被捕、伦敦骚乱、伊朗核问题、叙利亚局势、俄罗斯大选
4	国际时事类	福岛核泄漏、挪威爆炸枪击案、飓风"艾琳"、窃听丑闻、"9·11"十周年、英国王室婚礼、泰国洪灾、英国大罢工、"魔鬼交易员"、卡恩案
5	经济类	金砖国家、美债危机、戛纳峰会、民间借贷、调整存款准备金率、房价调控、小微企业、离岛免税、个税起征点、入世十年
6	科技类	天宫一号、神舟八号、屠呦呦、"沃森"、云电视、"阿特兰蒂斯"号、Siri、歼20、超级稻、"蛟龙"号
7	社会生活类	红十字会、京沪高铁、小悦悦、电荒、抢盐、河南宋基会、最美妈妈、菜贱伤农、微博打拐、反淘宝联盟
8	文化类	《富春山居图》、中国旅游日、北京精神、茅盾文学奖、西湖申遗、百度文库（微博）、西安世园会、哥窑瓷器、非遗法、史铁生
9	教育类	校车安全、南科大、虎妈狼爸、绿领巾、打工子弟学校、网络公开课、"入园难"、异地高考、义务教育均衡发展、中非希望工程
10	体育娱乐类	李娜（微博）、深圳大运会、"穿越"、某某体（撑腰体、淘宝体、断电体等）、姚明退役、hold住、旭日阳刚、NBA停摆、伊丽莎白·泰勒、限娱令
11	中国共产党建党90周年专题类	"七一"重要讲话、伟大历程、建党伟业、共产党人、红色经典、唱红歌、理论创新、学党史、红军小学、红色记忆
12	民生专题类	"幸福感"、醉驾入刑、控烟、PM2.5、农超对接、城镇居民养老保险试点、提高最低工资标准、猪肉价格上涨、北上广、收费公路专项清理
13	楼市专题类	限购令、保障房、公租房、房贷利率、新国八条、一房一价、房价控制目标、房产税试点、房产加名税、房闹
14	社会问题专题类	郭美美、药家鑫、达芬奇家居、天价酒、尼美舒利、彭宇案、故宫（微博）"十重门"、渤海溢油事故、华商协会、网络谣言
15	食品安全专题类	瘦肉精、地沟油、塑化剂、肠出血性大肠杆菌、膨大剂、染色馒头、牛肉膏、"潲水油"、毒豆芽、明治奶粉

2010年度中国主流媒体十大流行语

1	综合类	地震、上海世博会、广州亚运会、高铁、低碳、微博、货币战、嫦娥二号、"十二五"规划、给力
2	国内时政类	钓鱼岛、驻京办、人民陪审团、第六次人口普查、执行力、人民调解法、包容性增长、公共服务均等化、打黑除恶、特区扩容
3	国际时政类	红衫军、菅直人、韩朝关系、为何警察、柠檬水起义、超级细菌、维基解密、菲律宾人质事件、季莫申科、沙门氏菌

续表

4	经济类	高盛、股指期货、黄光裕、车船税、人民币升值、加息、融资融券、通货膨胀、民间资本、二次探底
5	科技类	3D（3D电视、3D电影、3D技术）、三网融合、物联网、智能手机、珠海航展、云计算、探月工程、空天飞机、平板电脑、蛟龙号
6	教育类	教育规划纲要、杨济源、高考加分、自主招生、国考、义务教育均衡发展、学前教育、校园安全、南方科大、去行政化
7	文化类	胡其俊、张季鸾、郭明义、钱伟长、方舟子、富春山居图、丹霞地貌、裸捐、曹操墓、慈善晚宴
8	娱乐类	阿凡达、唐山大地震、陈志云、相亲节目、周立波、中国达人秀、郭德纲、学历姐、广告植入、犀利哥
9	体育类	中国足协、南非世界杯、呜呜祖拉、亚残运会、萨马兰奇、温哥华冬奥会、世界武搏运动会、刘翔、章鱼哥、海心沙
10	社会生活类	团购、毕明哲、实名制、物价上涨、麻疹疫苗、蜱虫、限电、微××（微时代、微新闻、微情书、微投诉等）、腾讯与360、纠结
11	世博专题类	世博园、中国馆、海宝、城市最佳实践区、国家馆日、世博游、主题馆、生命阳光馆、世博护照、城市，让生活更美好
12	环保专题类	节能减排、电动汽车、新能源车、零碳、资源税、绿色发展、供热计量、垃圾分类、清洁能源、坎昆气候大会
13	灾害专题类	火灾、泥石流、漏油、矿难、水污染、空难、旱灾、踩踏事件、火山灰、洪水
14	楼市专题类	限购令、房产税、地王、空置率、保障房、楼市新政、房贷新政、胶囊公寓、棚户区改造、央企退出
15	社会问题专题类	富士康、张悟本、强拆、圣元奶粉、问题疫苗、王贝整容、学历门、曲美、空巢老人、智障工

2009 年度中国主流媒体十大流行语

1	综合类	新中国成立60周年、落实科学发展观、甲流、奥巴马、气候变化、全运会、G20峰会、灾后恢复重建、打黑、新医改方案
2	国内时政类	上海世博会倒计时、"7·5"事件、王彦生、海上阅兵、"小金库"治理、舍己救人大学生英雄集体、流失海外文物、社会法庭、防灾减灾日、西藏百万农奴解放纪念日
3	国际时政类	卢武铉、洪都拉斯、他信、伊朗大选、索马里海盗、护航编队、朝鲜核试验、阿富汗增兵、诺贝尔和平奖、《里斯本条约》生效
4	经济类	创业板、保增长、反对贸易保护主义、地王、消费券、IPO重启、克莱斯勒、迪拜世界、"中国制造"、3G牌照发放
5	科技类	钱学森、日全食、美俄卫星相撞、天河一号、港珠澳大桥、电纸书、播音787、武广高铁、"光纤之父"、Windows7

续表

6	社会生活类	被××（被就业、被增长等）、楼 AA（楼脆脆、楼歪歪等）、×（房、水、电、油、天然气等）价上涨、蜗居、家电下乡、绩效工资、食品安全法、后悔权、整治互联网低俗之风、全民健身日
7	文化教育类	双星陨落（季羡林、任继愈）、罗京、有偿家教、奥数、微博、择校、中学校长实名推荐制、作弊器、献礼片、《通用规范汉字表》
8	体育娱乐类	迪士尼、迈克尔·杰克逊、刘翔复出、小沈阳、酒井法子涉毒、《建国大业》、周立波、赌球、亚洲之路、明星代言
9	新中国成立60周年专题类	国庆阅兵、彩车、阅兵村、"双百"人物、《复兴之路》、国庆安保、空中梯队、联欢晚会、光立方、民族团结柱
10	环保专题类	哥本哈根气候变化大会、新能源、低碳、节能减排、地球一小时、"无车日"、《京都议定书》、全球行动日、"双轨制"、碳关税
11	甲型 H1N1 流感专题类	甲型 H1N1 流感、流感疫情、甲流疫苗、接种疫苗、输入性病例、二代病例、居家观察、流感防控、猪流感、"金花清感方"
12	社会问题专题类	假币、飙车、躲猫猫、鹤岗矿难、酒后驾车、钓鱼执法、血铅超标、尘肺、罗彩霞事件、手机黄毒
13	综合类	新中国成立60周年、落实科学发展观、甲流、奥巴马、气候变化、全运会、G20峰会、灾后恢复重建、打黑、新医改方案

第五章　流行语的类型及构成方式

一　流行语的类型

基于不同的目的和角度会将流行语分成不同的类别。杨建国（2004）的研究中按照不同的标准将流行语做出了六种分类：口耳相传的口头流行语和在媒体上传播的媒体流行语、在特定行业流行行业流行语和为各行各业所认同的泛流行语、为不同群体使用的大众流行语和为某一特定人群广泛使用的群体流行语、按照流行语的空间不同划分的广域流行语和局域流行语、按照流行语流行的周期划分的季度及年度流行语和时代及世纪流行语，以及曾经流行但现今不用的历史流行语和正在流行的现实流行语。① 顾源（2009）则将流行语分为以独立语句的形式出现的语句型、有非文字的特殊符号组合或其与文字组合的符号型，以及由数字组成的数字型。② 对于流行语的分类要依据一定的目的和标准，本书将以词语的构成形式和词语的来源为标准将流行语进行分类。

（一）基于构成形式的分类

流行语的主要组成部分是词语，这里从词语的构成形式对流行语进行分类。

1. 谐音类

谐音指的是在语言运用的过程中借助词语音同或音近的语音条件，由一个词联想到另一个词语，形成的一种同音替代关系。引起与自身语

---

① 杨建国：《流行语的语言学研究及科学认定》，《语言教学与研究》2004 年第 6 期。
② 顾源：《社会学视角下的网络流行语分析》，《社会学》2009 年第 3 期。

音相谐的词语为本体，与本体的语音形式相谐的词语为谐体。根据谐体和本体的不同，可以将其分为汉字类谐音、数字类谐音和英语类谐音三大类。

汉字类谐音是本体和谐体都是汉字，通常利用和原来汉字读音相同或者相近的字发明出一些谐音流行语。如：大虾——大侠；神马——什么；围脖——微博；蛋定——淡定；有木有——有没有；肿么了——怎么了；涨姿势——长知识；鸭梨山大——亚历山大，等等。这种谐音的形式灵活多变，给人一种新奇感觉的同时又有调侃的意味，使网络交际更加丰富多彩，充满活力。

数字类谐音是本体为汉字，谐体为数字。如：1314——一生一世；01925——你依旧爱我；02825——你爱不爱我；555……——呜呜呜……（哭）；886——拜拜了，等等。数字谐音一般是从网络聊天中产生，用数字代替所聊天的内容，加快聊天输入的速度，提高聊天效率。以下是网络聊天时数字一般所代替的意义，事实上有很多不是完全的一一对应关系：0——圆满、完美、无尽；1——唯一、你、起点；2——爱、两人世界；3——想念、生命、生活；4——是的、时时；5——我；6——顺利、溜达；7——请、起、气；8——发、拜拜、不；9——久、就、求，等等。

英语类谐音是本体为英语，谐体为汉字。如：Fans——粉丝；not at all——闹太套，等等。

拼音或字母与汉字结合的谐音，利用汉语拼音的首字母谐音构成的，如：ZF——政府、BT——变态、GG——哥哥，等等；还有一些是利用英文字母或者数字和汉字相结合组合而成，如：I服了U（我服了你）、3Q（Thank you）、P9（啤酒），等等。这类谐音相对上面分类较为复杂，在较集中这种类型也比较少，少数比较流行，目的是为了交际的方便。

谐音类的流行语在交际过程中是非常常见的，谐音主要是采取联想的手段用音同或者音近的词语去代替另一个词语，两个词语通过语音联系在一起，使说话人的情感得以巧妙地表达，使语言生动、幽默。

2. 缩略类

简缩又称缩略，即"流行语中一些高频使用的多音词、短语等固定形式在意义不变的前提下，说话人为了省便，用其中的部分形式代表原来的全部形式，把它作为一个话语的基本单位使用。它是句中某一常用的语言单位中部分有代表作用的语音形式组成的与原形式等义的新形式"①。流行语中的简缩类主要分为字母简缩和借形简缩。

字母简缩还可分为英语单词首字母简缩、汉语拼音首字母简缩和混合简缩，如：BRB——Be right back；BTW——By the way；BT——变态；FB——腐败；U2——you too；B4——before，等等。

借形缩略语是指"借用大众熟悉的词语的词形，根据需要重新对该词语的语素赋予相关或相应的语义并构成一个语词，然后再由这些语词构成的短语或语句简缩成缩略语。由于汉字是语素文字，又大都存在着一定的语素义，同时，还有大量的同音字，同音字义不同，它们组成后意义就有差别甚至完全不同，这些语言条件成为了借形缩略语的构成的坚实基础"②。如：超人——超级蠢人；可爱——可怜没人爱；早恋——早上锻炼，等等。

3. 象形类

使用各种标点和特殊符号来表示五官和其他事物，并组合起来表示人体动作或者表情、态势或事物形状的符号语言。它是网络流行语所独有的形式，但由于其只存在意义和形式，没有读音，因此只作为辅助性的非语言符号。如："T ＿ T"表示哭泣的样子；"：—D"表示大笑的样子；"8)"表示注目或惊奇的样子；"O》》—》"表示玫瑰花；"@ ＿ @"表示傻眼的样子，等等。要提到的是，还存在一个特殊的例子，即"囧"字，这是目前唯一用独特的字形来象形表义的语言符号。

4. 拆分类

将汉字中单一汉字的部首偏旁分别拆分开来独立成字的构词形式。主要通过拆分产生视觉混淆来表达意义。如：弓虽——强；女子——好；口古月——口胡，等等。

（二）基于来源的分类

流行语的来源十分复杂，尤其是网络流行语，我们通过研究分析认为流行语的来源主要有以下几个方面：

---

① 俞理明：《词语缩略中的任意性基础和制约作用》，《语文建设》1999 年第 6 期。

② 李军华：《符号的颠覆与重构：网络社会缩略语研究》，《甘肃社会科学》2007 年第3 期。

1. 外来词语

改革开放以来，我国与国外的政治、经济、文化等方面的交往日益密切，许多外来词不知不觉融入到了我们的日常生活中，成为现代汉语不可或缺的一部分。近半个世纪以来，随着全球化的趋势日益加强以及现代信息技术的迅猛发展，外来词在汉语中的数量逐年增多，特别是网络流行语中更是存在着大量的外来词。"每一种活着的语言，都有充分的吸收功能，这种功能，在很多场合比较明显地表现在语汇上，也就是说，凡是有生命力的语言，它从来不害怕同其他语言接触，而且会在社会生活认为必需的时候，吸收自己本来没有的新词汇——这些新词汇反映了外面客观世界的实际。"①

（1）音译词

音译是借词最常用的方式，即用语音形式相似的本族语言符号记录外来语。音译也是网络流行语中引用外来词语的主要表现方式。例如：酒吧、粉丝、伊妹儿、猫，"控"就是指极度喜欢某种东西的人，出自日语"コン（con）"，取 complex（情结）的前头音，喜欢的东西放在"控"字的前面，像是萝莉控、正太控、女仆控等。

（2）意译词

除了音译，意译也是吸纳外来词汇的一种方式，即用本族语言要素、思维模式、造词模式翻译外来语，用来翻译的语言符号受外语原文意义的影响。在网络流行语中，意译词的存在数量很少。如博客、闪客、灌水等。

（3）借形词

借形词即直接借用外来词汇的形式和意义。如 PK、OMG、BTW 等。

2. 影视作品

在流行语当中很多都是直接引用影视作品当中的经典台词或者句子。如："××很生气，后果很严重"（2004 年贺岁片《天下无贼》）；"顶你个肺"（2006 年电影《疯狂的石头》）；"斯巴达"（2007 年电影《斯巴达300 勇士》）；"高端大气上档次，低调奢华有内涵"（《武林外传》）；"非诚勿扰"（2008 年冯小刚的贺岁喜剧片），2010 年伊始，一档婚恋交友的

① 陈原：《语言与社会生活》，生活·读书·新知三联书店 1980 年版。

真人秀节目《非诚勿扰》再度让这个流行语红遍大江南北。除了以上的影视作品，还有一些台词歌词中的流行语，如："如果不结婚，那我们的爱情就是耍流氓。"网络上盛传的一首名为《不结婚就是要耍流氓》的弹唱歌曲，表达了80后站在婚姻的门槛前的无奈心态。"躺着也中枪"，一般而言，枪战中如果躺在地上，中枪的概率是最低的。"躺着也中枪"于是用来形容无缘无故地受到牵连，或被卷进是非。出自周星驰电影《逃学威龙》中的一句台词。剧中双方激烈打斗，某人装死，另一人向地上发了一枪，正中装死的人，装死的人叫道"我靠！躺着都能中枪！"现在也有人使用缩略形式"躺中""躺枪"，还有人干脆说"中枪"，表达的都是同样的意思。

　　3. 事件和人物

　　流行语最大的特点之一就是具有时代性，每年发生的重大事件或者是出现的重要人物都有可能成为流行语。如：2010 年有关的流行语有"我爸是李刚""学历哥""齐全哥""offer 帝""根数""国学天才"等；2011 年有关的流行语有"虎妈""瘦肉精""药家鑫""郭美美""福岛核电站""欧债危机""李娜""刘翔"等；2012 年有关的流行语有"元芳，你怎么看?""杜甫很忙""舌尖上的中国""钓鱼岛""林书豪""活熊取胆""蛟龙号"等；2013 年相关的流行语有"中国大妈""帮汪峰上头条""我是陈欧，我为自己代言"等。

　　4. 方言词语

　　流行语当中来源于方言的词汇数量也不在少数。"无论过去、现在和将来，汉语共同语的词汇都处于吐故纳新的活跃变化中。汉语方言中的那些充满活力的方言词语常常深入共同语的领地，经过融合摩荡与扬弃，一些表义新颖或表现力强的方言词被共同语接纳，进入普通话词汇。"① "坑爹"原是詈语，即骂人的话。在北方某些方言中，"坑"有欺骗、欺诈的意思，"爹"指老子，即父亲。"坑爹"的字面义便是"欺骗老子"。连老子都敢欺骗，胆子也忒大了。"坑爹"表达的是一种强烈的愤慨。在流传中，"坑爹"还常用于责备、批评或讽刺、挖苦。如果说话人是女性，有时会把"坑爹"调整为"坑娘"。除此之外还有偶稀饭（广东方言谐

---

①　谭汝为：《词语修辞与文化》，天津古籍出版社 1998 年版，第 5 页。

音）；顶你个肺（广东方言）；饿滴神啊（陕西方言），等等。

还有一些流行语是来源于香港和台湾的词语。香港和台湾由于历史、地理、经济文化等多方面的因素影响，形成了一些与大陆地区不同的用语习惯和表达方式。在香港回归以及两岸联系加深，进一步促进的语言之间的交流。从港台词语中吸收的流行语涉及政治、经济、金融、贸易、商业、文化、科技等方面。如："迷你""镭射""超""特卖场""派对""天王""热线""促销""秀""表演""酷"，等等。

（三）应用领域及发生学分类

1. 流行语与传播学

"语言学理论的基本精神是：语言是一种社会现象。"语言是活的，不会静止不流动的，那么网络流行语作为网络语言中比较活跃的分支，其在网络流通中就更会体现语言交流的强大。当流行语出现在网络中，人们甚至会忘记网络这个媒介的存在，于是有些人把现实与虚拟混淆，就产生了网络流行语出现或流通在日常生活中。日常生活中的传统传播媒介就会引用这些从网络中产生的流行语，而不论是个人还是媒体都希望通过使用网络流行语来证明或者扩大自己的个性与知名度。

我们所熟知的传播媒介有报纸、广播、电视、网络这四个。报纸价格便宜并且携带方便的优点，是其他媒体所无法比拟的。而广播最大的优点就在于可以边听边干活。电视和网络的传播方式最相近，受众关注时间又都集中在晚上，先天注定了两者的冲突性，因此电视作为娱乐工具的地位将受到动摇，但电视作为首选获取新闻信息工具的地位暂时还不会有所改变。网络是网络流行语的重要的传播媒介，随着网络的发展而出现的交际语言，是一种有别于传统平面媒介的语言，更注重形象性以及表达形式。

可以发现每种媒体都具有自身的优势和不可替代性，受众在选择媒体时也不存在排他性，更意味着四种媒体之间可以互相影响，互相传播流行语。面对网络的挑战，传统媒体在固守自己阵地的同时，纷纷涉足网络传播的领域。在网络传播中，渐渐淡化传统的传播模式，将网络视为高于传统媒介的所在，同时又指导传统的传播媒介并影响日常的生活。有了门户网站的报纸、广播和电视不但获得本位效果，还将实现各个媒介功能的大融合。不论是报社、电台还是电视台创办的网络传播通道，都将拥有文字记者、摄影记者、录音记者和摄像记者，都能运用文本、图片、音频和视频等多媒体手段传播，这个传播过程中必然包括对网络流行语的传播。

2. 流行语与国际汉语教学

目前单独针对网络语言和国际汉语教学相结合的研究还是很少的。在新时期，由于网络新词语纷繁复杂、层出不穷，对留学生来说，如果他们不懂网络语，很多时候会造成不必要的误会，甚至无法交流。在这种情况下，国际汉语教学界对网络语的重视也在逐渐地提高。有不少研究从教学大纲、教材编写和课堂教学等方面对网络语言进行分析探究。

在进行国际汉语教学时，教师不能单纯依靠书上那些死的语法知识点，应该全方位地教授那些与留学生的生活、学习息息相关的生活用语，授课时着重在于引导学生掌握所学的语言规律。留学生在学习汉语时不能单凭机械模仿、死记硬背，要学会灵活运用汉语言的规律，积极主动地发挥主体作用。我们学习语言的目的最终是为了交流，只有学习的语言灵活了，才能说一口地道的目的语。在国际汉语教学过程中，要选取符合教学目的并且能够增强学生学习积极性的流行语作为教学对象，取其精华、去其糟粕，这样会使外国人学习汉语逐渐纯正和精确。

二　流行语的构成方式

流行语作为词汇的重要组成部分，为越来越多的人所使用。流行语的产生在折射了社会发展轨迹的同时，也有自己的构词特点。本节通过对流行语在语音、语法、语义三个方面的构词特点进行分析，归纳流行语一般的构词规律。随着人们对流行语研究的深入，人们越来越多地发现流行语在与语音、语义乃至形体之间存在着密切的联系，除了这些内部要素之外，它还与人们的心理以及本民族的文化有着某种关联，这些都成为流行语的构词理据。

（一）语音构词

1. 拟声构词

拟声是模拟自然界声响而造的词汇，是世界上所有语言都具备的成分。在流行语中也有词汇属于拟声构词，这一类词语在流行语中所占的比例较小。如"么么哒"就是模仿亲吻的声音，等等。

2. 叠音构词

在汉语当中，一般情况下是一个汉字表示一个音节（儿化现象除外），我们把相同音节的重叠称为叠音。

叠音通常会使语气舒缓、生动、轻柔，还可以增添亲昵的感情色彩。在日常生活中使用叠音除了能使语音顺畅之外还能添加亲昵的感觉，比如"东东""漂漂"等词语。另外声音的繁复增进语感，同时又起到强调词义的作用，如"范跑跑""楼脆脆""躲猫猫"等。

3. 语音变异

流行语当中有许多在语音上是谐音的，这些短语它们有自己的语音、形式和意义。由于某种原因，用与原来短语音同或者音近的短语代替，但是所表达的意义不变。这类流行语可以分为三类：

（1）汉语谐音类

汉语谐音这里指的是人们根据普通话中的读音，对一些词或者短语运用了"谐音"的方法。例如："神马"是"什么"的谐音，网友在打字"什么啊"时，常常漏掉分隔符"'"，被系统默认为"ma"这个音，于是"神马"一词便诞生了。"鸭梨"是"压力"的谐音，百度贴吧中某才子无意间将"压力"打成"鸭梨"，引得贴吧中无数人模仿。"鸭梨山大"因与"亚历山大"谐音，从而也在网络上迅速走红。"压力"给人沉重感，甚至有人会"谈压力色变"，用日常生活中的水果"鸭梨"来代替"压力"减少沉重感、紧张程度，并具有几分娱乐、趣味的气质。"谣盐"是"谣言"的谐音，2011年中国大陆民众疯狂抢购，囤积碘盐的事件是因为谣言而起，又与盐有关，所以用"谣盐"代替"谣言"，也指这次抢购碘盐事件"谣盐"代替"谣言"带有几分讽刺意味。

汉语谐音以原来的词意为基础，与社会热点事件相结合，发展出新的意义。谐音能产生新颖趣味的修辞效果，丰富网络语言的内涵，彰显网络语言鲜明的个性，提高网络交流的快捷性。网络流行语谐音的特点，体现了人们语言的使用不断追新求变，突破陈规。

（2）外语谐音类

外语谐音指将外语（尤其是英语词汇）中的读音用汉语的语素记录下来形成的新短语。在网络中我们时常可以看到这样的短语，如："蜜兔"是英语"me too"的谐音，表示"我也是"的意思。"干巴爹"是日语"がんばって（顽张って）"的谐音，罗马音：ganbatte 中文近似读音：

gan ba te，所以中文音译名是"干巴爹"，表示"加油、努力"的意思，常用于比较亲密的人之间加油打气鼓励。"古耐"是英语"good night"的谐音，表示"晚安"的意思。"闹太套"是英语"not at all"的谐音，黄晓明在演唱歌曲《One World One Dream》时，由于对"not at all"的发音酷似"闹太套"而遭网友调侃。"奥特曼人"是英语"out man"的谐音。表示"落后，跟不上时代的人"。"吐槽"来源于日语，指漫才（类似于中国的相声）里的"突っ込み"（类似相声里的捧哏）。台湾把"突っ込み"译成了"吐槽"，后引申指给人难堪、抬扛、掀老底、拆台，多用于嘲笑、讥讽、抱怨，甚至谩骂。当前，主要有两种用法：一是揭人家老底——批评别人；二是揭自己老底——表述心声。

可能许多人第一次看到这些流行语时，会不知所云，殊不知它们都是从外语的语音转化而来的，是将复杂的外语变成简洁的中文进行表达，这体现了时下年轻人求新求变的思想。

（3）方言谐音类

方言谐音这里是指一些方言进入了网络流行语。如："2B"本是北方方言，"傻"的意思，含贬义。现在不一定表贬义，有时也表示比较可爱，比较愣。"蛋疼"原为北方俗语，豫鲁苏皖交界一带多用此俚语，如商丘、菏泽、徐州、亳州等地，表示无聊至极或其他难以名状的无力感的意思。"有木有"本是陕西、山东、河南、甘肃、广东梅县等地的方言。"有木有"就是有没有的意思，同时也可以理解为"是不是""对不对"的意思。方言谐音的融入增加了汉语的活力和表现力，丰富了人们交流的方式和内容。

（二）词法构词

1. 超语法常规

在上面的例子中我们主要讲的是"被"字在句中主要是受动者，通常用在动词的前面表示受动。"被"字句一般的格式是：受动者＋被＋施动者＋动词，如：苹果被他吃了。这里面的受动者和施动者部分可以省略掉，如：被批评、被占领、被欺负，等等。"被"字后面的成分表达的是施动者对受动者所施加的一种行为动作，因此事动词成分。像"自杀""就业""捐款"等词表示的是主体的主动行为，但是却被网民在前面多加了一个"被"字，表达当今社会弱势权利受到强势权力玩弄的一种被动的状态，虽然违反了一般的语法常规，但是很形象地表现出弱势群体的无奈，更是内心不满的一种宣泄。

"被××"结构式最早出现在2007年，在一个被高度关注的事件当中，当事人的死因被当地官员归结为"被自杀"，随后被网民大量模仿使用。如："被就业"指的是现在很多大学在临近的毕业的时候会强迫学生必须找到单位签订就业协议，有时为了仿造就业率，学校会让学生和一些并不存在的单位签订就业协议，由此就产生了"被就业"这个流行语。"被落榜"在2010年河南开封的高考中，考生李萌萌高出一本分数线13分，但是因为工作人员疏忽忘了提交她的志愿，导致其未被任何学校录取，在被媒体曝光了之后她被一个二本学校录取，本来可以考到一本的学生却进入了二本学校，"被落榜"一词就流传开来。再如：

[1] 人保部长谈"被就业"：真实情况没那么糟。（凤凰网，2009 – 10 – 15）

这句话中的"就业"属于不及物动词，后面不能带宾语，所以不能应用在"被"字结构的句子中，而且"就业"属于自动动词，是没有受动对象的，而只有施动者自己才能发出。由此我们不难发现在流行语"被××"是违反句法结构规的。但是加了"被"字之后，看似荒谬，实际上却形象地表达出弱势群体受到压制，受人支配的现状。

2. 句子结构简化

中国自古以来诗词曲赋都很讲究炼字炼句，就是在作诗或者写文章的时候尽量使用最简洁的语言表达出最准确的意思。在当今的流行语当中，新词语的流行往往会在组词造句的时候注重句子的经济性。所谓经济性就是指在语言表达的过程中力求言简意赅，用最简短的句子表达思想情感。我们回顾近些年来流行的词语都有一个共同的特点，就是这些最流行的、最容易被人们接受的的词语或者句子通常都是符合经济原则，句子结构简化就是最典型的例子。如："亲"是"亲爱的"的简称，和英语中的dear和darling相对应。在淘宝网的交易平台中，客服在和顾客聊天的过程中，通常对顾客的一种亲切称呼，"亲，快来抢购哦！""亲，包邮哦！"于是"亲，×××"风行起来，人们称之为"淘宝体"。跟"亲爱的"相比较，"亲"显得简洁，也屏蔽了"爱"字的暧昧色彩，亲切感却有增无减。2010 年的"羡慕嫉妒恨"，这是对人们情感变化的高度概括，因羡慕而产生嫉妒进而又有了恨意。2012 年出现的流行语"高富帅"，是男士高大、富有、帅气的简称。同样"白富美"则是指女士皮肤白皙、家境富裕、长相漂亮。因为词语简洁，读起来朗朗上口，一度被网友疯狂使用。在 2013 年又出现了"十动然拒""不明觉厉""累觉不爱""男默女泪""细思恐极""人艰不拆""喜大普奔"这一类词，这其中的"十动然拒"是十分感动然后拒绝的缩略形式。这些缩略形式在平时交流过程中，用词精炼、输入便捷、传播迅速，用言简意赅的语言代替表述累赘的语言，体现了语言的经济性原则。

3. 句式模仿

这是近几年网络流行语中出现的一种较新的形式，看似平淡无奇的句式经过大量网民自发的模仿，往往能产生出生动贴切，富有创意的内容。"中国式××"源于王海的小说《中国式离婚》。2012 年网友们在此句式的基础上提出了"中国式相亲""中国式青春""中国式过马路""中国式接送孩子"等。央视的美食节目《舌尖上的中国》也衍生了"舌尖体"句式，如："舌尖上的浪费""舌尖上的重庆""舌尖上的京剧"，等等。频频出现于网络的还有给人以感动的强大的力量"最美××"。从"最美妈妈"吴菊萍、"最美教师"张丽莉、"最美司机"吴斌到"最美战士"高铁成、"最美女法官"厉莉……在"最美"背后隐藏着人们对真善美的追求。

4. 语法变异

语法变异是指某个词在流行之后词性发生了变化。如："卖萌"的"萌"，是从日语中借过来的。日本的动漫爱好者用"萌"形容非常喜好的事物，特别是动漫中的美少女。"萌"进入汉语以后，有了可爱、性感、讨人喜欢的新义项。可以说"萌少女""萌女郎"等。"卖萌"的"卖"，不是出卖，而是显摆、展露。"卖萌"的意思是装可爱、扮嫩、撒娇，一般具有调侃色彩。"忐忑"，龚琳娜演唱的《忐忑》风靡一时。这首歌没有明确的意思，全是让人听不明白的"咳咿呀咿呦……"但在演唱者眉飞色舞、幽默搞怪的夸张表演下，广大听众为之着迷。《忐忑》被人们戏称为"神曲"，从年仅几岁的小弟弟到年过花甲的老太太都竞相模仿着歌唱，连大牌歌星王菲也不例外。"忐忑"这个词于是火了起来，用法也得到了进一步丰富。本来是形容词，当下又演变出动词（如"忐忑了整整一天"）、名词（如"结束忐忑"）的用法来。有人说，这是"神曲"提振了"神词"。除此之外，如"超给力""巨郁闷"中的"超""巨"等黏着语素作为自由语速在句子中充当状语，成为副词。又如"狂晕""严重同意"中的"狂""严重"等自由语素也转换词性变成了副词。

（三）语义构词

1. 语义泛化

流行语的语义，指的是在一定的时期内，在社会环境的影响下对某个词语赋予了文化含义和形式意义，而该语言项目进入某个具体的语境中时与具体的场景发生关系而产生的意义。流行语的语义泛化是在其使用过程中针对特定不同话语而发生了相应的变化。例如"范跑跑"本来指的是在地震中丢下学生自己逃跑的教师，而在下面的这个例子中就被隐喻成其他的对象：

> ［2］"我们就算是股市中的'范跑跑'吧，经历了 2008 年的暴跌谁不会谈'跌'色变呢？"封先生说，"我想再观察一下，到适合的点位还是选择落袋为安"。（《世界经理人社区》2009/2/10）
> ［3］8 月以来，股市再度演绎"养杨百万进去，杨白劳出来"的惨剧，叫无数散户宁愿割肉也要争当"范跑跑"。（《南方都市报》2009/8/21）

例［2］和例［3］中的"范跑跑"都是抛开这个事件本身，指的是在危机时刻逃离困境的意思，使"范跑跑"的语义发生了泛化。

除此之外，有很多流行语的泛化出现"框填现象"，所谓框填现象指的是流行语的语义不是总附着在一个语言单位的所有成分上，有些成分与这些语义密切相关，离开了它们流行意义就消失了；有些成分仅仅指向具体的表达情景，将其替换之后并不会影响流行语的语义。同样以"范跑跑"为例，流行语的语义只是附着在这个语言单位的结构方式上——姓氏与概括对象的行为特征的组合。因此无论是什么姓氏，什么单音节动词，只要是按照上述方式进行搭配，我们就会感受到流行语的语义重现，如郭跳跳、王蹦蹦、姚抄抄等词汇也在瞬间大量涌出。

综上所述，流行语已经不单单以其原本的面貌流行，而是在传播过程中，在具体的语境下又产生了新的语义。流行语的语义泛化在扩大流行语流行范围的同时又延长了流行语流行时间。

2. 语义变异

语言是活动的，时刻处在变化之中，流行语的意义不像语言中固有的词汇那样稳定。在特定的语言环境或特定场域中语言模因在复制、传递过程中，会产生各种各样非常规的使用形式，逐渐得到人们的认可，由此也产生了语义变异。

像"打酱油""做俯卧撑""叉腰肌"等在网络上流行的短语，我们界定为网络熟语。因为它们是符合规范并为人们理解的短语，一般情况下不会产生歧义。这些语词的能指和所指是固定的对应关系。我们以这三个语词为例试对其进行解释："打酱油"，以前卖酱油都是零售的，自己拿瓶子去商店，买多少，就打多少。"做俯卧撑"，一种四肢撑地，两臂反复弯曲和撑起，使全身连续平起平落的体育运动。"叉腰肌"，顾名思义，手掌面向身体内测或外侧，单手或双手叉腰。上述短语的意义都是其理性义的体现。"打酱油""做俯卧撑""叉腰肌"这些短语形式的所指只有一个。因为作为一个短语，其本身就已经形成了上下文的关系，构成了一个语境。整体的意义受到了上下文语境的牵制，所指非常明确。所以，在正常情况下，这些语词的能指和所指能够呈现出整齐的一一对应关系，并不会超出它们所指的范畴。然而，一个语词不仅仅是依靠其理性义来构建它的意义体系的。它是由多种因素构成的，还包括各种各样的非理性义。我们把语词的非理性义分为两大类：一类是附着在理性义上的色彩义，包括感情色彩、语体色彩和形象色彩。还有一类是笔者认为的语境赋予的临时意义。之所以把语境赋予的临时意义纳入到非理性义当中，是因为几乎所有的语词在语境需要的情况下，都会因时因地地出现语义变异的情况，相对于语词本身来说，也是一种非理性义。所以，大部分语词的意义体系是这样构成的。

语境义是临时的，它不同于色彩义。虽然色彩义附着在理性义上，也是一种非理性义，但它实际上包含了一定的理性成分。因为色彩义虽然不是语词本身固有的，但它作为附着在语词理性义之外的色彩成分其实已经被大众约定俗成。而语境义相对于语词本身来说是毫无道理的，语词在这样一种情况下已经全然成为一种脱离了原来所指的能指。语境需要这种能指指向什么样的所指，那它就指向什么样的所指。此时，这样的语词就是一种荒谬信息的正偏离。它表面上负载了荒谬的信息，其实在特定的语境下，却包含着深刻的意蕴。网络熟语最初更多地属于这种语境义。我们以"打酱油"为例。广州电视台采访一位市民，问他对于"艳照门"事件的看法，这位市民说："关我鸟事，我是出来打酱油的。"后来，广州电视台将这句话直接播了出来，并引起了广泛关注。其实"打酱油"三个字不是引起轰动的原因，关键是前半句话，十分具有震撼力。在这种语境下，"打酱油"一语经过网民修辞化的处理，转喻出"网络上不谈政治，不谈敏感话题，与自己无关，自己什么都不知道，就用此话回帖而已，相当于'路过'"。"做俯卧撑""叉腰肌"这些短语都是因在特定语境下的使用而被网民们转喻出了它们特有的意义。

我们注意到，这些短语的意义产生变异，并不是发生在表达层面，而是发生在接受层面。当初被表达者正常使用，意义并未发生变化。这些信息被作为接受者的网民获得，其中的词语也并未发生歧义。但是，信息被正确获得并不代表一次表达活动和接受活动的顺利完成。网民是使用网络语言的最活跃的一个群体，他们有强烈的语言感知力，特别是对于一些敏感话题，更是如此。他们尊重语言事实，但他们更具有创新意识。于是，"打酱油""做俯卧撑""叉腰肌"等短语就被网民超常发挥，获得了不同寻常的意义。也就是说，这些短语在接受层面发生了别解性改值接受，是网民的有意为之。由此我们认为，网络熟语的语义生成有赖于语境。它跟色彩义不一样，它是一种完全人为的现象，跟语境关系密切。但是它又不同于一般的语境义，它是发生在接受层面的语境义，是网民在尊重表达原意基础上的超常发挥。

三　流行语构词理据

随着人们对流行语研究的深入，人们越来越多地发现流行语在与语音、语义乃至形体之间存在着密切的联系，除了这些内部要素之外，它还与人们的心理以及本民族的文化有着某种关联。这些都是流行语的构词理据。

（一） 内部因素

词汇是语言各要素中发展最迅速的一个要素，而流行语的出现更为词汇注入了新的活力，流行语自身的发展壮大与语音、语义以及构词形态有着密切的关系。

1. 语音

流行语的语音理据主要表现在词语的词义与语音的关联上，主要体现在谐音类的流行语中。而语音系统的简化为网络谐音词的发展提供了坚实的语音基础，古汉语的语音系统非常复杂，在声调方面有"四声八调"，四声指的是平、上、去、入，其中每个声调又分阴阳，即阴平、阳平、阴上、阳上、阴去、阳去、阴入、阳入。而发展到现代汉语就只剩下阴平、阳平、上声、去声这四个声调了；同时，生母和韵母的数量也在减少，在北宋时期的《广韵》当中总结出古汉语中有声母 35 个、韵母 142 个，而现代汉语中只剩下 22 个声母、39 个韵母，从声调和声母、韵母数量减少我们可以明显看出汉语音节当中的组成因素在不断地简化。胡裕树（1978）在《现代汉语》中曾经做过统计（根据 1964 年中国文字改革委员会主编的收词近 6 万条的《汉语拼音词汇》），"同音词约占百分之十，同音异调的占百分之二十。《新华字典》中没有同音字的很少，近音的则更多。"① 流行语中很多形式就是运用了有限的语音形式去表达无限的意义，这样便丰富了词汇系统。

2. 形态

汉语作为汉藏语系不同于印欧语系有着丰富的形态变化，汉语是用语法形式来表达语法意义，这是由语言的民族性决定的。语言现有的结构状态为流行语的流行提供了必要的前提，是其流行的基础。如果语言结构系统中没有语音、词汇和语法等形式，也就谈不上流行的问题了。

语言的发展是在追求平衡到打破平衡再到新的平衡的循环中进行的，当一种显性的语言出现或者已经长期存在，便需要一种平衡，这时如果社会语用条件充足，与之相对应的潜性语言就会显性化。流行语中很少部分突破现有的语法规范而形成的，如"很女人"，副词后接了一个名词，在

---

① 胡裕树：《现代汉语》，上海教育出版社 1978 年版。

一段时间里创造了许多类似的词语并广为流传。但是大部分的流行语都是在现有词汇的基础上，遵循汉语语法规范，针对当下流行的事件或者人物等造出新词，如"最美女司机""舌尖上的中国""且行且珍惜"等。

3. 语义

从认知的角度来看，当新事物出现后，人们往往会利用已经熟悉的概念或表达方式从源域向目标域映射，建立事物间的相似性联系。Lkaoff 和 Jhonsno 认为，"我们赖以生存的思维和行动的一般概念系统，从本质上说是隐喻性质的"。隐喻"是通过一类事物来理解和体验另一类事物"的认知活动（Lkaoff& Jhonsno，198：014—25）。流行语之语义理据主要就是来自语言中的隐喻，如 2008 年的流行语"山寨"就是通过隐喻赋予旧词以新的语义。山寨本义是指旧时反叛或非法势力的据点，代表那些占山为王的地盘，有着不被官方管辖的意味。新义的山寨源自粤语，在粤语中"山寨"一词也含有"不正规"或"不正统"的意思。在香港，小规模经营的工厂或家庭小作坊被称为"山寨厂"，其出产的产品也被港人讥为"山寨货"，那是一些成本低廉、逃避税赋、不研发直接仿冒名牌的产品。山寨的原意与新义在"边缘化""逃避管辖"上具有的相似性，为隐喻提高了映射的通道。该词语义还逐渐发生衍化，除了用来指冒牌产品之外，还可指"民间的""非正式的"。山寨不仅表现在物质层面的"山寨产品"，甚至还蔓延到了精神层面的"山寨文化"（如山寨明星、山寨春晚、山寨新闻联播等）。可见，隐喻为流行语的构词提供了充分语义理据。

（二）外部因素

除了以上提到的内部因素之外，还有另外一些因素值得考虑。

1. 说话者的心理因素

语言是人类特有的交际工具，语言的发展变化除自身的调节外，人的干预也在其中起着非常大的作用。人作为一个能动的主体，在使用语言的过程中使语言处在创新之中。

人都有求新求异的心理，流行语的出现往往与人们追新求异的心理有关，这成为语言发展的积极动力。流行语出现之后，受从众心理影响，人们常常模仿社会上那些正在流行的生活方式和语言方式，以求社会认同，获得安全感，从而达到心理上的平衡。

此外，使用者言语解读也影响流行语的生成。流行语是在交际中被言语使用者认定的，如果在言语交际的最后环节听话人永远只按原来的解读方式解读的话，流行语最终也很难形成。例如"蛋白质"原是"天然的高分子有机化合物"的意思，但它在校园流行语中表示的意思是"笨蛋+白痴+神经质"的意思。白骨精原是《西游记》中的一个妖精形象，是人们感情上排斥的对象，目前的流行用法是指"白领+骨干+精英"型人才，很显然这是人们渴求的。如果交际中听话人永远都不做第二种理解的话，那么它只能以第一种意思被解读，由于不具有新异性，一般不会成为流行语，所以言语解读对流行语的生成也有一定的作用。前些年流行的魔鬼辞典中的一些词语释义就是这样。

2. 文化影响

文化因素的影响可以分为两个部分，一是民族之间文化交流的影响，二是民族内部文化交流的影响。

文化因素影响流行语的形成与传播，首先在于不同民族的文化交流会促使某些词语流行。它可以使一部分外族词语进入本族语言，经过适当整合而成为流行语，这在汉语的流行语，尤其是近年来的流行语中出现频率比较高。例如汉语的"牛"与英语的"new"音近，2009年是汉族农历的牛年，新年前后社会流行着"happy 牛 year"的祝福语，这一流行语就是汉语和英语换码整合而成的。再如"in""high"等原来都是英语中的现成词语，近年出现的"很 in""很 high"是英语和汉语接触与融合的结果，虽然我们发现汉语的程度形容词"很"没有办法和介词组合，但是"很"却成为汉语中的一个流行语。"很"虽能和表示"高"的词语组合，但是这样的汉英组合还是不多见，而且"很 high"组合后并不表示本来的客观高度的意义，意义已经发生了延伸变化。

世界一体化的格局使各国间的交往日益频繁，语言作为交际工具在交流中起到越来越重要的作用。对外经济文化交流的迅速发展，人的思想观念和价值观念的更新变化以及外语学习的普及，使得外来词语在汉语流行语中的比例越来越高。很多外来词语直接或间接地成为汉语流行语，如："蹦极"（bungy）、"猎头"（head hunting），有时还常常出现外来语和汉语夹杂使用的语言形式，如："打 kiss""K 歌""你这身打扮真够 in 的！""I 服了 U"，等等，它们因在形式、表意等方面具有新奇性而成为流行语。

当代汉语流行语中源自外来语的以英语和日语居多。如"酷"是英语 cool 的音译，在流行语中形容一个人很有个性，也表示"英俊""好"等意思，"秀"是英语 show 的音译，在英语中的意思是"表演"，在汉语流行语中是"表现""显示自己"的意思，并形成"××秀"格式，如"服装秀""脱口秀"等。"人气""写真"以及"泡吧一族"之类的"×族"和"书屋"之类的"×屋"形式则来自日语。

同一民族内部的文化交流也会促进流行语的形成。主要表现为方言文化的交流，不同行业、专业之间的文化交流等。方言之间的交流会促使一部分词语成为流行词语。流行语中有一部分来自方言，如"打理""搞笑""闹心""勿要忒""我走先""找不着北"等。这样的表达方式原来在普通话中一般都有一个跟其同义或近义的形式存在，它们进入普通话后，因在形式、色彩上更具新颖性而成为流行语。这些词语超出以往自身存在的地域，在更多的人群、更广阔的空间流行使用。如北京话中的"歇菜""悠着点"，东北方言中的"忽悠""爱咋咋地"等，在普通话中成为流行语。

四　流行语的修辞结构

随着流行语数量的增多，关于流行语的修辞结构引起了越来越多的重视。传统的修辞方式大概可以分为两种类型：一类是从内容方面着眼的，包括比喻、比拟、借代、摹状、对比、映衬等；另一类是从语言形式方面着眼的，包括对偶、排比、叠用等。需要注意的是这些修辞方式是相互交叉的，从不同的角度可以分成不同的类，有的还可以兼类。修辞要求把修辞现象放在语境中研究，根据语境需要，选用语言材料，运用修辞方式，体现修辞规律，进而得到预想的表达效果。

（一）比喻和借代式构词

1. 比喻式构词

从意念上看，一个比喻总包含被比喻的事物（主体）和用来作比喻的事物（客体）这样两个部分。主体和客体必须是互不相同的两个事物，这样比喻才有意义，但是二者必须有共同的属性或特征，这样比喻才能被人理解，才能有成立的可能。

比喻的修辞作用，一是刻画人物或者事物的形象，突出其某方面的特征，给人以深刻的印象；二是说明事理，这类比喻大多数着重在主体与客体内部性质上的联系，用比喻来说明事理，一般要求用我们比较首席的感性东西来说明比较生疏的理性东西。这样不仅能够使抽象的事物具体化，使深奥复杂的道理变得浅显易懂，而且还能使论述生动活泼、具体形象，并进而引发读者的丰富联想。流行语通常是作为喻体出现，运用比喻的原则，第一要贴切，包括两个方面：一方面是指主体和客体之间确实有共同点，或者在某些方面外部特征形态类似，或某一点内部特征相仿。另一方面指的是主体和客体之间的情味、色彩必须协调。第二要注意创新，那些招之即来的比喻往往最缺乏光彩的比喻，如把光阴比作箭，把蠢人比作驴。例如：原子弹——肥胖的人，内存——人的知识量、知识水平，花间派——对异性泛爱不专的人，鸳鸯蝴蝶派——谈恋爱的同学，山水派——热衷于游山玩水的人，死机——思维中断。

　　"大锅饭"比喻计划经济时僵化的分配制度和分配方式。"铁饭碗"比喻计划经济时固定工作。"下海"比喻搞活经济时人们从事经商活动。"下岗"比喻某些人失去工作。"车狼"意指那些骑自行车或摩托车进行抢劫东西人；"店鼠"指在商场偷窃的人；"贷虫"指骗取银行贷款，恶意欠贷不还吞噬贷款的人，也都比喻得十分恰切。这样的词还有"网虫""菜鸟""搬砖""走穴"等。

　　总之，比喻是人们交际中运用得最广泛、最频繁，也是最有表现力的一种修辞方式，使高深的事理浅显明白，使复杂的事情清晰突出，使抽象的事物生动具体，具有较强的感染力。

　　2. 借代式构词

　　抓住甲乙两事物之间的某种联系，有意用乙事物指代、称谓甲事物的修辞方式就叫作借代。可以凭借事物之间的某种内在联系来进行借代，如借部分代整体，借具体形象代抽象概念，借事物的某种属性代事物本身等。

　　借代的修辞作用。第一是有助于文笔的生动形象。第二，有时运用借代，是为了使上下文衔接得更紧密、顺畅。第三，有时运用借代是为了使文笔简练、含蓄，但是这种表达方式应在以上下文中不至于造成误解为原则。第四，有时还可以运用借代构成形象对比，表现委婉幽默等情味。借代的能产性较于比喻要差一些。例如：菜篮子，本指盛菜的篮子，以短语的形式存在，现在指城镇的蔬菜，副食品的供应，成为一个词；楼上，本指所在楼层的上一层，现在指网络上有人发帖时通常会吸引很多人，第一个帖子和回帖，从上到下按时间顺序排列，排在下面的人称上面的人叫楼上；炮灰，本是比喻参加非正义战争而送命的士兵。现在指在激烈的竞争中被淘汰的个体和组织；顶，有人在网上发布了帖子之后就会有人回复帖子，除了固定的顶置贴之外，每次出现的新帖子就会在版面的最顶上，因此被形象地成为"顶"。再如，"白领"代指具有固定工作和收入的、生活比较安逸的工薪阶层人员；"粉领""银狐领"指时髦女性或准贵族女性；"蓝领"指普通的大众人群；"大檐帽"指那些执法人员；"绿色食品"指无污染的健康食品；"美眉"指美丽漂亮的姑娘；"白大褂"指医生等医务工作者等，都是借代手法赋予这些词的特定含义。这些借代都使流行语更加生动形象。

（二）仿拟与摹状式构词

1. 仿拟式构词

有时我们把一般生物当作人来描写，把无生命的东西当作有生命的东西来写。有时候正好相反，把人或者其他有生命的东西当作无生命的东西来描写。前者叫作拟人，后者叫作拟物，这两种表达方式在修辞学上统称为仿拟。有相当一部分的比拟是借助比喻来表现的，或可看作比拟和比喻的兼格。

仿拟通过仿照人们熟知或者现成的语言材料，根据表达的需要临时创造出来的词、短语或者句子，为了使语言生动活泼、诙谐幽默，有时为了达到一种讽刺嘲弄的效果，十分有趣。现在一些流行语在出现了之后，因其形式的独特创新引起人们的注意，便会出现一些其他的词语对其进行模仿，妙趣横生。仿拟可以分为仿词、仿句、仿篇。

仿词这类的仿拟格式通常是合成词和固定词组。如："门"最开始是指"水门事件"这一政治丑闻，后来被逐渐引申到更广的范围，只要能引起公众广泛关注和兴趣的事件，都被用上"×门"的叫法，例如"艳照门""'猥亵'门"。又如"顶呱刮"一词指的是北京奥运会期间推出的即开型体育彩票，该词仿照形容词"顶呱呱"（又作"顶刮刮"），取"最好"之意，又取"刮"语素，将彩票需要"刮奖"的特性结合在词中。再如"绿色"一词，它象征着和平、安宁和生命。由于今天具有一致的理解是生命、节能与环保。因此，"绿色"就被广泛仿造出现了许许多多带"绿色"的词语,如:绿色革命、绿色经济、绿色金融、绿色消费、绿色产品、绿色奥运、绿色食品、绿色通道、绿色社区、绿色住宅、绿色装修、绿色厨房、绿色面包、绿色大米……数不胜数。

仿句这类仿拟多是仿照歌词、影视剧台词等。如"该出手时就出手""常回家看看""过把瘾就死""都是月亮惹的祸""闪亮登场"等。

仿篇与以上两种仿拟格式相比使用的频率较低,一般都是对短小诗篇的仿造和使用。仿毛泽东同志《沁园春·雪》的打油诗:"考试如此多娇,引无数考生尽通宵。惜秦皇汉武,胆子太小,唐宗宋祖,不得不抄,一代天骄,成吉思汗,最后只把白卷交。俱往矣,数风流人物,全都重考。"主要发泄对考试的不满,调侃考试作弊行为,释放厌学情绪。

2. 摹状式构词

生活的景象丰富多彩,事物的轻装复杂万端,文章写得好,就应该把生活景象的色彩、声音,把人们对事物的情状的具体感受如实地反映出来,做到"有声有色"。使文章"有声有色"可以用到很多修辞方式,最直接的办法就是拟声和绘景,这在修辞学上统称为摹状。摹状型在网络流行语中不多见。典型的例子就是"囧"和"槑"。这两个字都是从字形推想出其意义的。"八"像眉眼,"口"像一张嘴。因此根据形状,"囧"被赋予郁闷、尴尬、悲伤、无奈、困惑、无语等意思。"槑"就是"呆"上加"呆",指人很呆、很傻、很天真。

许多外语词语在我们的汉语中也没有对译词,也只好摹声音译过来而成为我们语言中的一部分。这一类词语,在改革开放以后尤其丰富。它们有汉字化的:如"酷""猫"(调制解调器)、"伊妹儿"(指电子邮件)、"麦当劳"等;也有字母化的,如"卡拉 OK"(无人伴奏乐队)、"WTO"(世贸组织)、"TV"(电视)等。除此之外还有图形符号的摹状,如:"T_T"表示哭泣的样子;":—D"表示大笑的样子;"8)"表示注目或惊奇的样子;"O》》—》"表示玫瑰花;"@_@"表示傻眼的样子,等等。

(三)夸张和婉言式构词

1. 夸张式构词

夸张作为一种修辞手段,它不同于一般的夸海口、说大话,而是从主观出发，采用艺术的手法，对客观事物故意夸大其词，以加深人们的印象，引起人们的联想，收到突出形象、渲染感情等效果。

夸张同比喻一样，也是我国古典诗文中常见的修辞方式。像"白发三千丈""朝如青丝暮成雪"等脍炙人口的诗句，都包含着极度的夸张。有些成语，也带着很强的夸张色彩，如"挥汗成雨""气吞山河""口若悬河""海枯石烂"，等，都是极为形象、极为生动的夸张。现代的诗歌中，在叙事、抒情时，为了突出对象的本质特征，给人以鲜明深刻的印象，也往往采用这种浪漫主义的夸张手法。

夸张虽然难免言过其实，但一般也需要有客观事实为依据。《文心雕龙》说"夸而有节"，也是指夸张不应完全脱离现实的意思。好的夸张，应当能引起读者丰富、生动的联想，如果远离客观实际，引不起读者的联想，这种夸张就不会有什么修辞效果。流行语中也有一些表示夸张的词语，"大跌眼镜"夸张地表现出惊奇的程度。"酷毙了"中的"毙"更夸大了所修饰的程度。"帅呆了"中的"呆"形象而又夸张地表现出人们的神情，表达了所描写的对象外形或者行为带给人们强烈的视觉冲击。除此之外的"吐血""晕倒""晕""狂倒""我倒""我晕"等都是运用了夸张的修辞手法。

2. 婉言式构词

夸张是故意言过其实。和夸张相反，有时候，人们不直截了当地把本来的意思说出来，而故意把话说得委婉含蓄一些，把语气放得缓和放松一些，这在修辞学上叫婉言。运用婉言，有时是为了避免刺激听话人，使对方便于接受。在评论某个人长得丑的时候，通常会这样说，"长得很有创意""长得好爱国啊""长得很安全""恐龙""仙姑""青蛙"，等等，这样就委婉地表达了对对方形象的态度。

如果形容某个人比较懒，会用"觉主""九三学社"（指早上九点起床，下午三点起床的人），这些词委婉风趣，在诙谐中又透露着戏弄和嘲讽。

（四）双关和反语式构词

1. 双关式构词

双关和婉言有点像，他它也不是直述本意，而是通过谐意或谐声的办法，将愿意暗示出来，往往是言在此而意在彼，具有比婉言更丰富更巧妙的修辞作用。人们运用双关，有时是由于受具体语言环境的限制，不得不借此来进行暗示。

双关可以分为谐音双关和语义双关等。谐音双关就是利用同音现象构成双关语。它通过谐音的方式偷换概念，产生了新的语义。如："神马"是"什么"的谐音。这个词语迅速代替了曾经同样走谐音路线的"虾米"，成为时下最热门的流行语。"鸭梨山大"是"亚历山大"的谐音。这个词是来源于百度贴吧的一个成员无意将"压力"打成了"鸭梨"，引起了网友的广泛模仿，进而"鸭梨山大"一词逐渐走红。除此之外，"特困生"（特爱困、睡觉的学生），"教（觉）皇"（爱睡觉的学生），"研究生"（烟酒不离身的学生），"三味书屋"（指充满各种气味却又摆满了书的男生宿舍）、"多媒体"（多没体面），"情圣"（情场上剩下来的）。再如数字谐音双关：1314（一生一世）、08376（你别生气了）、520（我爱你）、-7（夫妻、恋人）、584（我发誓）。

语义双关是利用词语和句子的语言多义现象构成的。比如某个女生到同班男生宿舍去，看到那里狼藉一片，垃圾和书籍到处都是，室内充斥着各种气味，该女生于是说："哎哟，你们这可真是'三味书屋'啊!"在这里"三味书屋"就是一种语义双关，它既指男生宿舍摆满了书，也暗指男生宿舍充斥着各种难闻的气味。简单的四个字，既显示出女生的幽默，同时也对男生的不爱卫生进行了调侃，语言显得典雅而有情趣。

以上的流行语利用语音或者语义的条件，有意使某些词语在特定的语言环境中构成双重关系。运用双关的修辞手法不仅使语言幽默风趣，还能使语言为了适应特定的语境，将不方便直接说出来的意思含蓄地表达出来。

2. 反语式构词

反语就是说反话，即字面上的意思和实际要表达的意思相反。最常见的是使用肯定的语句来表现否定的意思，这种形式，往往带有较强的讥刺、嘲讽的口吻。

反语在校园中的使用最为普遍，为了显示自己的与众不同，大学生往往"语不惊人死不休"。例如："猪"在传统思维里很难让人产生好感，好吃懒做、肮脏不堪，大学生却把它作为同学之间的爱称，能称得上"猪"的，关系绝非一般。"狐狸精"原本也是骂人的恶毒用语，专指勾引男人的妖媚女子，可现在同学中称某人为"狐狸精"就没有恶意，成为"美艳可人的女子"的代名词。这是运用正话反说创造的流行语。如果说某人"貌似仙姑",也别高兴得太早,"仙姑"是指相貌丑陋、令人厌恶的女子。"曾哥纯爷们!铁血真汉子"的流行体现了网民对于快女曾轶可的关注和不认可态度。这些都是使用反语来表达与本来意思相反的词语或句子。

(五) 类推式构词

许多语言学家都曾指出,类推是语言发展和演变的一种重要机制。利用类推造词,可以在语言单位的创制和使用中取得"少投入、多产出"的效果,符合语言学中的经济(或"省力")原则。流行语的产生大量地运用了这一手段。例如:

"××族":上班族、追星族、月光族(指每个月都把钱花光,到月底就没钱了的人)。

"××没商量":爱你没商量、骗你没商量、害你没商量、整你没商量。

(六) 叠加式构词

叠加式是将几个类型相同的词叠加在一起,不仅读起来朗朗上口,富有语感,而且在语义上更加深刻。如:"羡慕嫉妒恨"一词就蕴含很多的内容,恨源于嫉妒,嫉妒源于羡慕,环环相扣,将心理的情感表达得淋漓尽致,达到了一种新奇、夸张的效果。"高富帅"形容男人在身材、相貌、财富上的完美融合,与之对应的是"白富美",形容女士皮肤白皙,家庭富裕,长相姣好,其反义词就是"矮穷挫",形容男人没背景、没身材、长得丑,形象地描绘出这一群体的生活状态,这些人通常是从事比较低贱的工作,拿着微薄的薪水,社会地位低下。

(七) 析词式构词

"把合成词拆开来活用,以获得突出某些语素的鲜明、生动的修辞效果。"① 在大学校园的流行词语中,更多的是把一个词中的几个字拆开来,

---

① 刘焕辉:《修辞学纲要》,百花文艺出版社 1997 年版,第 328—345 页。

各自为阵，各代表着自己的意思，让人听完解释后哭笑不得。如可爱——可怜没人爱；蛋白质——笨蛋白痴神经质；浪漫——浪费时间，漫不经心；伟人——虚伪的人，委屈的人；天才——天生的蠢才，偶（呕）像——呕吐的对象，恐龙——长得丑的女生，明星——明天的灾星，老板——老板着个脸；也有析字的，如：马叉虫——骚，刀巴——色，竹本一郎——笨蛋，等等。析字是建立在合体字字体分解的基础上，字在经过析解之后更增加了隐秘性，避免了直接表达可能造成的修辞上的不愉快，同时又凸显了语言表达的新异。

（八）反讽式构词

网络流行语"被××"短语不同于以往的被字句，它巧妙地借用现代汉语修辞中的反讽手法来表达一种讽刺、宣泄、嘲弄的效果。其真实情况往往与所表达的意义正好相反，如："被自杀"，表面看是自杀，实则他杀；"被自愿"本来是"不自愿"却被说成是"自愿"；"被代表"看起来"代表了"，实际上根本没有传达民意。"被××"短语的出现，丰富了现代汉语的修辞手法，扩大了现代汉语的表达功能。无论在日常用语调侃、宣泄，还是在写作中作为一种讽刺手段来应用，都能起到意想不到的表达效果。

第六章 流行语的语义变异

　　20 世纪 60 年代，社会语言学问世。在结构主义重视研究语言内部同质系统的基础上，提出了发展语言系统的异质性研究。美国社会语言学家威廉·拉波夫（W. Labov）为代表的"变异学派"，提出了语言"有序异质"理论，主张语言研究应以语言变异为首要研究对象。语义变异一般只关注"词义的变异""语素义的变异"等，产生的新语素并不多。新语素有两种产生方式，一是源于国外；二是产生新合成词组成语素。由于语言变异的形式、类别、原因的研究有很多，本章着重从语言变异的社会功能以及相关的语言"有序异质"理论探讨。流行语中的语义变异研究对当代流行语中的语义的动态性变化进行了记录和描写，使人们更加清楚地了解流行语中语义变化的实际情况，可以让人们从语言的角度更好地了解社会和认识社会。语义研究作为语言研究的重要组成部分，流行语中的语义研究重要性也显得至关重要。当代多种媒体下的流行语进行统计和研究，不仅对语言学本体研究有着重大意义，对于丰富和发展社会语言学也有极大的理论和实践价值。

一　流行语语义变异的含义

　　流行语最先源于口头，自然具有很强的口语性，但是口语通常都是形象生动的，因此又赋予了流行语的形象性。语言的使用都是具有很强的时代特点，不同时期的语言都会体现出不同的语言风格。无论是在传统的媒体平面上还是新时期的网络媒体中，流行语在语言形式上都呈现出了不同层次上的创新，从更深层次的角度来看，新时期流行语在语义上也有着很大的变化，语义表达不仅幽默活泼，更赋予了时代影响下的富有个性的语义表达。这种语义变异赋予原有的词汇形式以新的语义内涵，对流行语打上了时代的标记，是语义创新的结果。我们的关注点不单单是语义变异这一语言学的问题，研究语言变异的真正目的是研究语言与社会之间的关系。语言是反映社会的一面镜子，通过对流行语语义变异现象的深入研究可以折射出当代中国社会发展变化的真实面貌。

（一）流行语语义变异的研究对象

"语义就是语言单位的意义，任何的语言单位都是音义结合体，那么任何一级语言单位都有意义。因此，语义就包括语素义、词义、句义等。"① 我们这里研究的流行语语义变异主要是研究多种媒体下流行语中词义和句义的变异。

研究流行语中语义变异首先要特别注重词义的研究。从我国古代开始，我国的训诂学主要研究的是字义，而在古代一个字就相当于现代汉语中的一个词，即在古代的字义就相当于词义，传统的语义学研究也注重对于词义的研究。因为词是一个句子的重要组成部分，要想对一个连贯的句子的含义进行分析，对每一个语言单位掌握理解就显得格外重要。词义是组成言语作品的基本语义材料，语言使用者需要掌握相当数量的词义，才能在语言交流过程中将词义组合成句子的意义，再将句子之间的意义前后连贯在一起组成一段话含义，由此可见，词义的重要性还是显而易见的。

语言本身具有工具性，研究语言既是对语言本体的研究，也有对语言的应用研究即在实际语言交际中的研究。费尔迪南·德·索绪尔（Ferdinand de Saussure）在《普通语言学教程》中的最后一句话明确地交代了语言学研究的目的是"为语言就语言而研究语言"。在我们日常交际中，常常会出现同一种语法形式而表达出不同的句子意义，这就是歧义句。歧义句不仅为计算机信息处理，而且给人们日常交流都造成交际障碍。杰弗里·利奇（Leech）指出："现在很多人也已接受了以下这种观点：自然语言的语义层有其本身与句法结构相对应的成分，或者说（用一个在许多方面更加接近的类比）·有与数学家及哲学家所建立的符号逻辑体系相对应的成分。"② 这也就是说对于流行语的研究，要将语法和语义结合在一起，着重研究它的语义结构，其中包含着组合关系和聚合关系，而不是单就一个句子的表层含义来进行研究。

---

① 曹起：《新时期汉语语言变异研究》，中国社会科学出版社 2012 年版。

② ［英］杰弗里·利奇：《语义学》，李瑞华等译，上海外语教育出版社 1987 年版。

语义研究归根结底是为了更清楚地体现交际时说话者的语言内容和中心思想。流行语的产生受多种因素的影响，有的流行语的语义表达是语言结构某一个具体句子的具体含义；有的流行语语义结构具有多重性，也就是说，语法形式相同而句子可以表达多重的语义内容。因此，本章将流行语语义变异的研究对象主要指流行语的词义变异和句义变异，主要对多种媒体下的流行语句义变异进行举例分析研究。

（二）流行语语义变异的研究方法

我们广泛收集近五年内的流行语，对其进行详细的分类研究，运用定量和定性相结合的分析方法，归纳了在多种媒体环境下的流行语的语义变异情况，在词汇的语义层面出现了许多新词新语，旧词赋新意，词义的语义色彩发生转换等。在对流行语的语义变异的成因、特点、类型进行分析之后，本章也揭示了流行语语义变异的社会功能，语言是社会的一面镜子，语言结构中任何一个构成因素的变化都会让语言本身发生变化，进而影响人们的交际。在这基础之上，还需要着重对流行语语义变异的社会功能进行分析，流行语出现语义变异一方面是语言自身发展规律的影响，是语言使用者创造的结果；另一方面，流行语的语义变异给人们的日常交际也带来了一定的影响，语言使用过程中的语义不明和语义模糊，同形异义的情况给人们的交流带来了障碍，与此同时，也会出现语义异常的现象，这种语义异常破坏了正常的语义关系。

（三）流行语语义变异的研究目的

随着社会的发展，语言也会产生相应的变化。流行语经过语义变异，可以真实地反映语言的整体面貌，让大众逐渐了解语言的发展过程。

1. 认清语言的真实面貌

社会语言学将变异看成是语言存在的形式，任何一种语言都存在于一个复杂的词汇系统之中，语言本身的复杂性决定了语义变异的复杂。任何一种语言都是活的，它会随着时间、语域等多种因素的变化而发生变化，并且任何一种新的流行语都是相对于原有的词汇系统而言，这是一种进步，也是一种革新。所以，相对于某种"死亡"的语言（已经消失的语言）而言，实际语言生活中所使用的都是"活着"的语言，都存在它的许多变异形式，或者说，不研究它的语言变异形式就不能认清语言的真实面貌。

2. 了解语言发展过程

语言是一个复杂的变异系统，语言的发展过程既包括共时的演变，也包括历时的演变。由于语言内部结构和社会各个使用成员等外部因素的影响，社会中各个成员对于流行语语义变异的认识不同。当语言中某个成分，即语义发生变化的时候，不同社会成员对于同一事物对象的认识不同，对于流行语的语义变化也不尽相同。这样就使得针对同一种语言形式呈现出不同的变异形式，也反映出语言的共时变化。不同时期的流行语语义变异（共时变化），实际上反映出语言的历时演变。从共时和历时两个角度来分析流行语语义变异，既可以全面地反映语义发展变化的真实面貌，也可以了解语言发展的过程。

二　流行语语义变异的成因

流行语中存在的一种特殊的词语变异的现象，即打破词语原有的能指和所指之间的关系，这种关系的打破可能改变了能指的形式，也有可能改变了所指的指称对象，进而使词语的语义内容发生不同程度的变异。任何事物都是处于变化之中的，语言也不例外。语言如果不发生变异，就不会有语言的发展。

流行语的语义变异是语言发展中不可避免的过程。流行语语义变异的最根本的原因是语言本身、语言使用者及其所要表达内容的复杂，这也就是说，在我们日常交际过程中所使用的常规的语言、遵循固定的语法规则是不能够完全满足我们交际的，只有借助语言变异才能达到某种语用目的。究其成因，将流行语语义变异成因分为内部原因和外部原因两方面。

（一）内部原因

从内部原因上看，影响流行语语义变异的成因主要受语言自身发展规律、话语模式及语言表达内容的复杂性的影响。

1. 语言自身发展规律影响

语言的结构是一个既多层次又复杂的系统，各层级系统中的各个组成成分相互关联，正是因为这样，语言系统中一个成分的变化，必然会引起其他成分的变化。流行语的语义变异最根本的原因在于语言自身发展规律的影响，这是对语言经济性原则的深刻体现。①乔姆斯基对语言习得，乃是沿着最简单、最经济的途径进行的思想，格里斯合作原则中的量准则、利奇的经济原则等，都体现了在人类言语的运用中，存在着经济学中效用最大化的驱动原理。流行语的出现，使一个单句就可以覆盖一个社会事件，可以让人们在短时间内获得更大的信息量，这都体现语言的经济性原则。人们使用更多地是为了达到交际的目的，"打酱油""山寨"等流行语除了在其原有的概念意义上增加的新义，运用简短的形式表达了更丰富的语义内容。所以说，在一定程度上来看，流行语的语义变异，不仅赋予了词语更多的附加意义，也让人们沟通更加方便快捷，符合语言自身发展规律。

2. 话语模式及语言表达内容的复杂性的影响

受话语模式和语言表达内容复杂性等因素的影响使得流行语语义发生了变化。话语模式，有广义、狭义之分。狭义的是指说话、写文章时表现出来的较为固定的格式或套路，广义的则是指包括内容（尤其是独特语汇）和形式在内的话语表达惯式。人们在进行沟通的时候，一些既有的词汇并不会满足人们交际的需要，在这种情况下，多种媒体下的流行语就会出现语义变异。人们使用同样的词汇就可以表达更多的含义，并在一段时间、一段区域内赋予了该词语更多的语义并由此广泛流传。尤其在网络媒体的环境下，网络会话方式给人们的交流带了一定的方便，但与此同时也带来了一定的弊端。尽管相隔万里的人们可以通过电脑来交流，但网络会话主要还是基于非声音的书面文字会话，纯文字的会话对网络语言的形成产生了一定的影响，纯文字的会话没有声音和情感的传递，不能完全满足人们在网络环境中的交际需要。

此外，随着社会的高速发展以及人们的生活方式、交际方式都在发生着改变，人们所使用的语言也必然是符合经济性原则，可以通过较少的文本来表达更丰富的语言内容，这也正是流行语得以流行的重要原因之一。像"囧"这类的新生词，不仅表示使用者的心理状态，也表达了使用者当时的表情。新的词义让这个字既表义又表情，这种特殊的话语模式也会促进类似"囧"这种流行语的出现。在语言这一复杂的系统中，同形异

① 任荣：《流行语背后的语言经济学》，《重庆大学学报》2003年第9期。

义的词有很多。面对表达内容的复杂性，人们往往希望用简练的词语去表达丰富的含义。

（二）外部原因

流行语之所以会产生语义变异，除了语言系统内部各因素的影响，社会因素、认知视角和使用者心理因素的影响也是其变异的主要原因之一。

1. 社会因素影响

多种媒体影响下，一些词语的使用频率会明显高于汉语词汇系统中的其他词语，这也就催生了汉语旧词新义和新词语的产生。无论是旧词赋新义还是新词语的产生，都为流行语的出现提供了一定的依据。自 20 世纪开始，社会生活发生了翻天覆地的变化，我国的社会、经济、政治生活等方面也都发生着急剧的变化。

首先，在传统的新闻传播学理论中，主流媒体的首要功能是监督和导向作用，为人们的行为决策提供信息服务。[①] 所以，在新闻价值的取向上总以"重要性"作为首要标准。语言与社会紧密相连，社会的发展变化会影响语言的发展变化，语言的使用会紧密联系社会。国际和国内社会政治经济的巨大变化、重大政策推行、领导人的重要讲话都成为流行语的催生剂。

其次，国内外发生的重大事件为当代社会流行语的产生奠定了基础。这里的重大事件指的是具有里程碑意义的盛大事件、突发事件以及在社会上具有深刻教育意义、令人深省的事件。盛大事件引起全民甚至全世界的关注，例如，2005 年神舟六号载人航天飞行圆满成功；2008 年"改革开放 30 周年""北京奥运"；2012 年"神九"飞天首次对接，"蛟龙"下海创新纪录。突发事件是指突然发生，已经造成或者可能造成重大人员伤亡、财产损失、生态环境破坏和严重社会危害以及危及公共安全的紧急事件，例如，2008 年的"3·14 打砸抢烧暴力犯罪事件""汶川大地震"；2009 年的"甲型 H1N1 流感事件严重"；2014 年"云南昆明火车站暴力恐怖事件"。社会上还常会发生一些事件，它们具有警醒世人的作用，例如，2011 年的"小悦悦事件"；2012 年的"最美

---

① 曾青青、杨尔弘：《中国主流媒体流行语的特性分析》，《语言文字应用》2010 年第 1 期。

女教师——张丽莉"。

这些以某个社会事件或者某个话题形成的流行语，在事件发生之后会很快地流行开来，并在社会上形成一定的影响力。在人们的语言生活之中生命力最旺盛并且具有一定社会意义的词语往往会成为年度流行语。

2. 认知视角和使用者心理因素的影响

语言中流行语的出现并没有太多的使用理据，多是与社会签订契约以满足人们约定俗成的心理。虽然我们可以对这些流行语的出现作出一定的成因分析和性质分类，但这都是在流行语出现之后，语言使用者来进行总结归纳。人们在构造流行语时，都是在已有的语言词汇系统之中寻找最常见、最为普通的词语进行组合搭配，然后再考虑人们求新求异的语言使用心理。

从言语交际心理来看，流行语的语义变异的产生和发展的直接原因是人们在语言使用上的求新求异的心理。人们追求在语言使用上的新鲜感，崇尚语言层面的时尚度会造成某些词汇的大量运用，正是人们对于词语有陌生化的心理需求，才使得人们敢于突破固有的词语使用规则，凭借求新求异的语用心理，让流行语有了更广泛的使用场合，进而丰富了汉语词汇系统。很多流行语最初源自于网络，通过网络等各种平台使得流行语加以传播。

流行语语义的变异也反映了人们对于社会事件以及面对人生的心态。人们选择使用流行语，是因为流行语的语义变异能满足人们在相应的社会事件发生后的个性心理，于是这种心理又驱使使用者将流行语适用于任何语境。此时，概念意义变得模糊，我们也很难再品味出流行语那种浓郁、新鲜的流行意味来。使用者的使用心理加之社会事件的敏感度推动了流行语的发展。因此，一般说来，流行语语义变异受流行事物或现象的关注度及流行心理变化的影响。

三　流行语语义变异的性质和类型

（一）流行语语义变异性质

1. 讽刺性

在流行语的语义变异过程中，有的流行语的语义变化是具有一定规律性的，可能是对原有词义的扩展，也有的流行语新语义和旧语义之间并不存在任何联系。这种语义变异的存在会依赖于某个社会事件，在流行语的使用上往往带有主观性原因，更多地体现了个人在语言运用上的偏离。例如：

[1]"很×很××"

原义：用来某人某事或某物的词语，这个句型的原始版为"很好很强大"。

新义：这是恶搞《新闻联播》一则关于净化网络视听的新闻里接受采访时说的"很黄很暴力"，只因为这一句话，在网上关于这则采访的视频、图片、帖子一夜泛滥。随后有"很傻很天真"、"很恒很源祥""很假很坦白""很乐很OPEN""很爽很摇滚""很丑很封建"等无数版本。

[2]"躲猫猫"

原义：儿童游戏的一种。

新义：与2008年的网络流行语"俯卧撑"一样。2009年的"躲猫猫"同样又是一个案件引发的流行语。关于这个流行语的相关报道：24岁的玉溪北城镇男子李乔明因盗伐林木被刑拘，1月30日进入看守所，2月8日下午受伤住院，4天后在医院死亡，死因是"重度颅脑损伤"。警方给出的答案是，当天李乔明受伤，是由于其与同监室的狱友在看守所天井里玩"躲猫猫"游戏时，遭到狱友踢打并不小心撞到墙壁而导致。当地另一家媒体报道称，警方调查结果显示李乔明"躲猫猫"时眼部被蒙，所以"不慎撞到墙壁受伤"。因此，该新闻在网上引发热议，其中很大一部分都在谈论"躲猫猫"这个游戏的危险性。

[3]"奇葩"

原义：原指珍奇而美丽的花朵，常用来比喻不同寻常的优秀文艺作品。

新义：新义来源于网络，常用来比喻某人某事或某物十分离奇古怪，常人不可理解，甚至世上少有，含有讽刺或调侃的意味。

[4]"这事儿不能说得太细"

原义：这件事情的发生过程不能仔细地向大家说明。

新义：2009 年 1 月 12 日，央视《焦点访谈》播出节目《广受质疑的"通行费"》。面对"天津市每年要偿还的公路建设的贷款量有多大"的提问时，天津市市政公路管理局规费处副处长刘博的回答是："这事儿不能说得太细。"

［5］"哥吃的不是面，是寂寞"

这是某天夜里在网络上迅速爆发的，起因是一非主流发了张吃面的图，上书"哥吃的不是面，是寂寞"极具讽刺意义。于是大家纷纷效仿以兹讽刺，类似的句型衍生出很多，有"哥唱的不是歌，是寂寞""哥答得不是案，是寂寞""我发的不是帖子，是寂寞"。寂寞党由此形成。

这种看似无厘头的话语方式，正是目前网络恶搞的新流行——句式模仿。任何一句平淡的句式，只要被网友们瞄上并进行模仿，立即可以显示出极大的爆发力，这种句式的传播性、流行性被广大网友所喜爱。

2. 调侃性

多种媒体下出现的流行语是语言发展的产物，它在一段时间内使用频率会很高，但随着流行语所源自的社会事件的过去流行语也会被随之消失。但是作为新生事物，流行语还是会受到人们的喜爱。流行语通过借助语义变异等形式，在人们交际中起到了催化剂的作用，让人们在轻松愉快的氛围中完成言语表达最终达到交际的目的，具有一定的调侃性。例如：

［6］"红领巾"

原义：红领巾是红旗的一角，象征着革命的胜利。少先队队礼是五指并拢，高举过头，表示人民的利益高于一切。

新义：在网络平台上常被用来比喻做好事不留名的人，具有调侃意味。

［7］"不差钱"

"不差钱"成为流行语是因为在由赵本山、毕福剑等主演的春晚经典小品《不差钱》中，穿着苏格兰裙子的小沈阳精彩的表演，"不差钱"附带着"这个可以有"一夜间成为全国人民使用频率最高的词语。

"不差钱"的走红是多种因素共同起作用的结果。首先是演员把东北方言的形象性、通俗性巧妙地融入到舞台表演中；其次是大众传媒在宣传造势上起到了推波助澜的作用。但我认为更加值得注意的是，这个词语所蕴涵的粗犷豪爽的地域文化特征切合了当下人们普遍爱面子的心理取向，这才是它走红的最重要的原因。随着人们生活水平的日益提高，豪爽热情的东北人更是对"不差钱"三字推崇备至，实际上"不差钱"作为热情好客的待人之道本无可厚非，而且也是一种历史文化积淀，古已有之。

[8] "神马都是浮云"

原义："神马"就是我们通常所说的"什么"，原指"什么都不必在乎"。

新义："神马都是浮云"的流行，缘于 2010 年国庆期间红遍网络的"小悦悦"事件，一句"看过小悦悦，神马都是浮云"的评论，被很多网友复制引用，似乎因为这句话能够描述现实生活中一些现象的特点，所以开始被广泛地应用到了社会生活语境当中。

这句流行语表面上看起来"很残很调侃"，但其实它代表着当代人们精神生活的一些特点。这句话中透露着人们感受到了"小悦悦"事件中人心的冷漠，同时它又透露着对待人生的豁达和坦然。

[9] "hold 住"

原义："hold 住"原是香港中英混用词汇，指面对各种状况都要控制把持住，坚持，要充满自信，从容地应对一切，也有给力、加油的意思。

新义：在 2011 年 8 月 9 日的《大学生了没》中，一位名叫 Miss Lin 的网友以夸张另类的烟熏造型、一口做作的英语、扭捏妖娆的姿态介绍什么是 fashion（时尚），其极度夸张搞笑的表演震撼了所有观众，Miss Lin 的口头禅是"hold 住"。

"hold 住"是套用各种网络流行体调侃自己的职业与生活。"hold 住"这个词汇流行起来，是有其社会文化背景的，它反映了中国公众意见表达的一种内向化。一方面它有"兜得住"的意思，强调由个人来负责个人的事情；另一方面它也包含了一种期望，希望社会来替自己解决一些问题。例如，在论坛中很多网友表达了对于涨工资的渴望，有的网友用调侃的语气回答"hold 住"。

[10] "帮汪峰上头条"

汪峰宣布离婚时碰上菲鹏离婚，向章子怡表白时又遭遇恒大夺冠，发新曲《生来彷徨》的他又撞上吴奇隆刘诗诗恋情、杨幂刘恺威婚讯等八卦头条消息，为此，众网友纷纷调侃汪峰每次有重大新闻都掐错点，但是网友的疯狂调侃反给汪峰的新歌发布带来超强大效应，"帮汪峰上头条"迅速登上微博热门话题榜。

[11]"土豪，我们做朋友吧！"

原义："土豪"原是指"旧时地方上的豪强，即农村中有钱有势的恶霸地主"。

新义：《现代汉语规范词典》第3版补充了新的义项，即"今也指富有钱财而缺少文化和正确价值观的人"。"土豪"这个在过去是个很反大众的字眼，而如今土豪成为暴发户的代名词。一句"土豪，我们做朋友吧！"表达出人们对暴发户既鄙视又羡慕的心态。

3. 仿拟性

仿拟是根据表达的需要，更换已有词语中的某个语素或已有句子中的某个词语，临时仿造出新的流行语。一个社会事件的背后往往就可以促成一个流行语的形成，然后在一个流行语形成之后，与此同时也会产生类似语言形式的流行语，新的语言形式带来新的语义内涵。语言新词的产生都是人们思维创作的结果，每个语言使用者在创造新词语时，都在无形中遵循已有词语的构造方式或者一定的语言规律，并且词汇系统中出现的新词在表现意义方面也都具有仿拟性。例如：

[12]"×二代"

最被广为人知的"富二代"，该名词最早见于香港凤凰卫视节目《鲁豫有约》，该栏目对"富二代"的定义是：20世纪80年代出生，可以继承丰厚的家产，他们被称为富二代。类似相关的词语还有"官二代""星二代"。

[13]"××控"

"××控"是在网络上流行的句式之一，常用来比喻具有某种特征的一类人。相关句式的词语还有"××帝""××档""××党"。

[14]高大上

2013年开始流行的一句网络新词语，形容事物有品位，有档次，偶尔也做反讽使用。"高端、大气、上档次",简称"高大上"。类似的句子还有"低调奢华有内涵""奔放洋气有深度""简约时尚国际范"等。

[15] 且行且珍惜

这句流行语源于 2014 年 3 月 31 日马伊琍微博回复文章出轨事件。全文如下:"恋爱虽易,婚姻不易,且行且珍惜。"众网友随即拼凑出了几句貌似古诗的句子:"看山思水流,触景进乡愁,问君意随流,绵愁几时休,念己勿念欲,行己知行义,相离莫相忘,且行且珍惜。"其中"相离莫相忘,且行且珍惜",意指即使分离也不要忘记我们之间的情谊,既然我们已经有了深厚的情感,就要珍惜我们之间的感情。

在短时间内,针对马伊琍微博内容"且行且珍惜"的相关词语风靡网络。类似句式有"读研虽易,就业不易,且行且珍惜""失业虽易,求职不易,且行且珍惜""吃饭虽易,减肥不易,且吃且珍惜"等。

4. 不稳定性

流行语的语义变异具有不稳定性,流行语多是在一段时间或一定的领域内使用度很高,但是随着网络的快速发展,流行语产生的速度也是非常快的。新词语产生,旧词语就会被替代。这就让大部分源自于网络的流行语使用率大大地降低,最后甚至消失,不再为人们所使用。流行语能否在汉语词汇系统中保留下来,除了要看词语本身的生命力外,还需要考虑到大众对于词语的热爱度和使用程度,主要还是取决于人民大众的喜好。有的流行语在社会发展的过程中,昙花一现,成为消亡的词语或者隐退词,这都是值得我们大家去关注的问题。一些流行语不在大众使用的词汇范围内,是因为流行语通常是反映当年社会生活中独有的社会事件,这种社会现象不会一直存在,自然也就会随着社会的变化而消失;有的流行语只是一句话或者一段话的简单缩略,具体的语用价值很小,必须依靠语境的存在而存在,语境消失,这些流行语也就不复存在了;还有一些流行语与当年的其他一些词语相比,使用频率也是非常的低,属于临时使用的词语,所以说某些流行语在汉语词汇系统之中还具有不稳定的性质。例如:

[16] "脑残"

脑残，指让人感到匪夷所思，如同脑袋残疾一般。泛指做事或某些想法无逻辑，通常指无可救药、过分神经质的人。

［17］"穿越"

"穿越"是指某人因为某种原因，从一时空穿越到另一时空。在2011年前后，大陆剧中有很多题材多为穿越剧，其多围绕历史爱情故事而展开。

［18］"元芳，你怎么看"

"元芳体"早在2008年就已经小范围走红。据悉，它的最早出处是网易的一则新闻《北京高速路边发现女尸　臂上怪字无人能解》，新闻内容是泉州一女孩疑似被肢解后坠落高楼，警方判断为自杀。新闻评论中，一名网友以"元芳，此事你怎么看"进行嘲讽，暗指案情背后或有蹊跷。

以上三句流行语在短时间内使用频率很高，但在这一类流行语背后所代表的社会事件过去之后，大众在进行语言选择的时候，对一些流行语就会采用规避性的原则，以至于某些流行语在"流行"了一段时间之后就消失了。"流行"不应仅仅是"流行"过了就完了，一个带有总结和提炼的"流行语"在带动人们思考之时，更应该对社会起到一个引导和带动的意义。在个别流行语消失之后，这些词语背后的社会意义是不能够也不应被忽略。

（二）流行语语义变异类型

从流行语语义变异类型上看，流行语的语义变异主要包括词语语义变异、单句形式的流行语语义变异以及色彩意义方面的语义变异。

1. 词语语义变异

从流行语语义变异的概念意义上看，词语形式的流行语语义变异主要是指某个词语因大众交际需要在语义方面发生变化，其语义变异包括转移、转类、扩大、扬升、弱化等。

转移指词语在表示的含义上发生了转移，指称对象发生了变化。例如，"雷"旧指一种自然现象即云层放电时发出的响声，或指军事上使用的爆炸武器——地雷；现在也用作动词，指吓人，对于某人或某事感到出乎意料、不合常理。"小鲜肉"旧指新鲜的肉，现在在网络上非常流行，多用来形容那些年龄在 25 以下的性格单纯善良，没有太多情感经验并且长相年轻漂亮的女生，有时候也用来形容男生。"亚历山大"旧时单指亚历山大帝国的皇帝，世界上著名的有韬略的军事家和政治家；现在用来表示压力大，是"亚历山大"的谐音词。

这三个词语中，"雷""小鲜肉"在原字原形上赋予了新的含义，"亚历山大"借音改义后，它的新义与原有词义截然不同。不管在词形上是否发生了变化，流行语中的这类词都在指称对象上发生了转移，语义有所变化。

转类是指转移词类，形态不变，只是句法功能发生了变化。例如，"接地气"，述宾短语，旧指接近或者紧挨着土地；现用作名词，用来隐喻那些广泛接触老百姓，一切从人民的利益出发，反映人民心中的所想所愿的行为。"水"，名词，旧指由氢、氧两种元素组成了一种无机物，在常温常压的情况下，以无色无味透明的状态存在；现作为流行语也用作形容词，用来形容一些贴吧上用户发言的内容毫无意义。"黑"，形容词，旧单指颜色的一种，与"白"相对；现"黑"可以用作动词，理解为讽刺、嘲笑或者调侃某人或某事，贴吧中常会出现。

"接地气""水""黑"前后词义发生了变化，词类也发生了变化。"水"的词类由名词转到了形容词，"黑"的词类由形容词转到了动词。这类流行语在词类上发生了转化，增加了词汇的用法，方便了人们之间的交际。

扩大是指在原有词义基础上的延伸。原有词义所反映的客观事物范围小，增加新的义项后，现有词义概括范围大。例如，"裸"旧指身体上的裸露，现在流行语的含义用的是引申义，指没有任何准备的行为，只有事物本身，没有任何的附加条件，相关的词语有"裸考""裸婚""裸官""裸退"等。"纠结"原指难以解开或理清的缠结，也指树木的枝干互相缠绕。现在流行语"纠结"的含义在原义上进行延伸，用来形容某人陷入某种境地而无法自拔，内心混乱、烦躁不安。

扬升是指义位演变出赞许的、肯定的、好的基义或陪义，也指词的感情色彩由否定扬升至中性或肯定的感情色彩。例如，"土豪"，贬义词，原指"有财有势、横行乡里的地主恶霸"，后来被网民用来戏称网络游戏中有钱无脑的玩家，他们大多文化素质较低，品位不高，极其富有，有的还酷爱炫富，现在是褒义词。"土豪"这一词语在语义上发生了变化，词语的感情色彩也发生了变化。"白骨精"传统的解释是对西游记中白骨妖精的称呼，也用来指那些靠美貌来迷惑男人的女人；随着网络文化的发展，现在"白骨精"有了新的含义，其感情色彩由贬义扬升至褒义，成为白领、骨干、精英的代名词，专指那些拥有高学历、高收入、高层次的"三高女性"。

弱化是指原来所表示的程度很高，现在程度变轻。"信不信由你，反正我信了"，这句流行语的出现表现了大众对于政府不负责任态度的不满，最初人们使用这句流行语带有明显的讽刺意味，所表达的否定程度也非常高，但是随着它在各媒体中的广泛传播，大众的猎奇心理驱使着人们在使用这句流行语时忽略了它本身带有的感情色彩，其本身所带有的讽刺意味也有所弱化，人们可以在任何语境中使用。

2. 单句形式的流行语语义变异

单句形式的流行语，主要是指那些在人们日常交际中的以整句形式出现的，具有深刻的社会影响力并在一段时间内广泛在多种媒体中流行的语句，其具体可表现为以下三个方面：一是受音译影响带来的语义变异；二是受方言影响的单句语义变异；三是语言形式没有发生变化，但是单句含义因一定社会事件的出现而发生变异。

（1）受音译影响的单句语义变异

随着东西方文化的交流，人们使用英语的场合也越来越多，英语在人们的日常生活中使用范围也越来越大。"图样图森破"为英文"too young, too simple"的中文谐音，流行于百度贴吧、新浪微博等网络公众平台，是一个热门网络词语，对其的解释为：太年轻，很傻很天真。同样，2014 年在网络上爆红的"不作死就不会死"，对应的英文形式是 no zuo，no die。

这两个流行语单句，都不再是汉语单句本身的含义，而是完全对英语单句的谐音音译，在语义上发生了变化。

（2）受方言影响的单句语义变异

汉语方言作为我国极为宝贵的文化资源，不同地区的方言呈现出不同的结构形式和特点，因此我国语言学家根据汉语方言不同的特点将汉语划分为七大方言区。汉语方言之所以和普通话有所区分最明显地表现在语音方面，语音不同则影响到语言形式的不同。例如：

[19] 怎么了——肿么了，山东枣庄的一句方言，因《爱情公寓》中唐悠悠所说，让此句爆红网络。

[20] 倒鸭子——道牙子，东北方言中称之为马路牙子。

以上的两个例子中，"肿么了"并非是"什么东西肿了"，而是普通话中的"怎么了"。再如"倒鸭子"，如果根据普通话对"倒鸭子"进行理解，一定会造成语言交流上的障碍，"倒鸭子"只是在语音上和方言中表示"马路牙子"的词语相近，才会出现这样的语言表达形式。这种新型的语言表达形式，一方面丰富了汉语词汇系统，为人们之间的交流增加了幽默感；另一方面也对汉语文化起到了冲击作用，会导致大众减少使用传统的表达方式，造成语言交流障碍。

（3）语言形式无变化的单句语义变异

我们都十分地清楚，一个完整的单句如果脱离语境，语义就会单元化。一个固定的语法形式也就只表示一个语法意义。在2012年的流行语中，"你幸福吗？""元芳，你怎么看？""我能说脏话吗？"这三个句子能够形成流行语，就不仅仅是表达表层的语义内容，在其背后的真正含义和所代表的社会事件才是我们真正应该去关注和思考的。以"我能说脏话吗"为例，"吗"是语气助词，用在陈述句句尾，表示疑问的语气。这个单句的表层含义就是"我可以说脏话吗？"但是从这句话的起源上来看，当嘉兴电视台的记者面对油价上涨随机采访路人时，他耿直地说出"我可以说脏话吗"，在遭到记者拒绝后，更表示无话可说。如此的无奈却恰恰击中所有人愤怒而无处宣泄的心声，对于不平不公，除了脏话无话可说。联系到这句话的起源，我们可以清楚地发现，"我可以说脏话吗？"在语义上发生了变异，这种语义变异在语言形式上没有发生变化，只是在原来的语言形式上附加了新的语义内涵，并使其具有一定的社会影响力，这一个句子体现了人们内心的愤怒与无可奈何。

"贾君鹏你妈妈喊你回家吃饭"之所以在网络中流行，起源于一个名为"贾君鹏你妈妈喊你回家吃饭"的帖子在短短五六个小时被数万网友浏览并跟帖回复，而且这是一个只有标题的帖子，其内容只有"rt"两个字母，意思为"如题"，对"为什么发帖？""贾君鹏是何许人物？"等问题并没有做出解释。"贾君鹏你妈妈喊你回家吃饭"，典型的生活形态语言，道出了沉迷游戏中少年的被呼喊之人生常态，具有很强的现实力。事实上，"贾君鹏"到底是谁？这样一个问题在今天这样一个网络时代似乎并不重要，我们每个人都是生活中的"贾君鹏"，因为我们每个人都有一个喊你回家吃饭的妈妈。

"躺着也中枪"的流行再次道出了人们心中的无可奈何。"躺着也中枪"是指两个或者一群人在讨论问题，而一个人并没有在讨论人的范围内而无辜被提及或者进行语言上的攻击，这个人就是躺着也中枪。从"躺着也中枪"的字面上理解，"中枪"的含义很明确，就是"被枪击中"。"躺着"并不是真正意义上地躺在床上或者地上，是指在激烈的谈论中被无辜伤及的人。"躺着也中枪"在语义上发生了变化，具有很深的调侃意味，可以用来调侃他人也可以用来调侃自己，常用来表示人们无辜的心理状态。

　　3. 色彩意义的变异

从流行语语义变异的色彩意义上看，同一种语言形式的流行语在不同的语境中也表现出不同的感情色彩和语体色彩。其中包括褒义词表贬义，带有嘲讽的色彩意义；贬义词表褒义，使之带有赞赏的色彩意义。

流行语的语义变异从语义色彩上来看，流行语的语义变异可以正话反说，也可以反话正说，也就是说，让词语所表达的感情色彩发生了变化，可以使用一个褒义词去表达贬义的色彩，也可以使用一个贬义词去表达褒义的色彩，让对话双方避免了沟通的尴尬。网络中的流行语语义变异都是在固定的网络环境中，人们即使使用一些贬义的词语也只是通过调侃的方式去揭露社会生活中的现象，但是如果将某领域的流行语应用到实际的日常交际中，可能会由于听话人的个人原因或语境等方面的限制，造成交际对方的误解，进而影响人们之间的沟通。例如，在我国古代，女子都是具有温婉含蓄内敛的淑女美德，"窈窕淑女，君子好逑"这一脍炙人口的名句，也许是对女子风情最古老的文字描写。然而在2013年"女汉子"突然在网络上爆红，这一词语用来专指带有"纯爷们"性格的女性。她们美丽时尚，同时也能干家务，集温柔和彪悍于一身，拥有女人的外表和汉子的内在。

四　流行语语义变异规律

如果我们把"变异"这个词做比较宽泛的理解的话，它几乎可以相当于"差别"。社会语言学把变异看成是语言存在的形式,对于语言变化的形式,应有一定的规律可循,纵观多年流行语语义变异,我们可以发现其存在创新性、简洁性和幽默性的规律。

(一) 创新性规律

评选年度流行语,在三个主要考虑因素之外,还要兼顾创新性。从这个角度来说,"抢头条""中国好××""高大上"等被拒绝收录,因为"没有创新,都只是字面意思",所以没有被收录到年度流行语中。

1. 语言使用者语用心理的创新

古希腊哲学家亚里士多德曾说过:"人们喜欢被不平常的东西所打动。"也就是说,在社会集体中的每个人都试图通过一种方式来表现或者证明自己不同于常人,找到自己的个性特征,其目的是让自己在他人心中成为"不可替代"的那一部分,表现出自己的"卓尔不群"。求新求异的语用心理能够使他人迅速地注意到自己,从而使自己达到心理上的满足。求新求异的语用心理为流行语语义变异打下了良好的基础,也促使着人们接受语义变异。语言具有自我调节功能,并且语言在变动中总能够保持一种动态的平衡关系,约束着整个体系不要走向破产和毁灭。人们在对词语的使用问题上不可能无限度地在词汇系统中增加新成员,对于一些旧词赋新义也是增加语言表达的一种方式。人们追新求异,尤其以 90 后为代表的青少年们,他们喜欢标新立异,追求新的语言表达方式。从某种意义上来说,正是人们求新求异的语用心理加速了语义变异的社会进度。

2. 义项上的创新

流行语的语义变异体现在义项上的创新,其创新性主要包括两个方面,一是增加已有义项的表达方式,简单地说,就是用一种新的语言形式来表达在词汇系统中已有的语义内涵。二是旧词赋新义,增加新的义项。在一定程度上丰富了原词语在语言使用上的表达效果,使原词语发生语义泛化。

3. 意识观念的转变与创新

简·爱切生(Jean Aitchison)指出:"词汇迅速地变动和词义不断地变化,常常直接反映出社会的变化。"[①] 流行语中的语义变异的产生也是

---

① ［英］简·爱切生:《语言的变化:进步还是退化》,徐家桢译,语文出版社 1997 年版。

如此地反映着社会生活的不断发展进步和大众意识的转变。对于词语所代表意义的选择是最能体现社会现状的，语言随社会变化而异。语言和社会是相互作用的。

社会的变化带动了词汇系统的变化。在科学技术飞速发展的今天，社会上新旧事物的更替最先在词汇上得以反映，互联网的广泛使用也加速了社会文化各方面的接触和渗透，同时也加速了语言对于社会各要素的影响力，使之更加的国际化。

词汇的不断变化也反映着社会的发展和进步。社会的变化使得新词语层出不穷，哪些领域发展得最迅速，哪些领域出现的新词也是最多的。词汇的发展变化反映着大众意识观念的转变与创新。有些词语在过去表示不好的含义，而如今人们在使用过程中，赋予了旧词语新的含义，人们通过婉转的方式将贬义词褒说，丰富了人们语言表达的内容，方便了人们之间的交际和和谐。

（二）简洁性规律

对于流行语的出现和使用，有些人认为其方便时尚，满足了一部分人的使用心理；而有的人认为流行语只具有暂时性，它们不会一直存在于汉语词汇系统中并为大众所使用。我们可以把流行语当作一种俗文化，它不像精英文化一样具有很强的说服力和影响力，但是这些流行语为大众所创造，为大众所使用，流行语虽通俗简洁但又生动活泼，为和谐的人际关系的建立提供基础。流行语大多不讲求句式整齐，具有深刻的社会影响力并且可以很快地被大众理解和接受。一个流行语的出现通常是源于某一事件、某种现象、某人的语言或电影对白、歌曲词句，一旦被网友提取出来成为流行语后，则表现为一种普遍的社会情绪的宣泄和释放。近年来，随着信息技术的高速发展，流行语出现速度之快，使用频率之高，人们在语言表达上追求语言经济性原则，流行语可以涵盖一个社会事件或者社会现象，深深地为大众所接受，这都使得流行语趋于简洁性。当"我和我的小伙伴们都惊呆了""为何放弃治疗""虽然看得不是很明白，但是觉得很厉害"等流行语被压缩成"我伙呆""何弃疗""不明觉厉"时，这些流行语可以使得人们的表达趋于简便，更多地就使得人们之间沟通变得更加变成了晦涩难懂、不伦不类。

（三）　幽默性规律

流行语常常通过愉悦大众的方式，增加人们对于这个流行语背后所代表社会事件的关注，吸引人们的注意力。新时期流行语语义变异有一种非常吸引人的现象，那就是常常通过隐喻或者转喻的方式使原词语在原来词义的基础上衍生出新的语义。譬如"倒逼"一词，原是来源于经济领域中货币供给的倒逼机制，即"逆向促使"。而现在语义变异之后，增加了新的义项，赋予其新的语义从而扩大了使用范围，"由下而上""由流溯源""由果问因"等行为，都可以称"倒逼"。再如"打酱油"，以前的酱油都是零买零卖的，人们需要拿着瓶子去商店买酱油，而如今"打酱油"在贴吧中十分流行，人们使用它通常表示在道义上强烈关注某事，但在行为上选择明哲保身，不发表鲜明的观点和立场，属于"非暴力不合作"的行为。"打酱油"将这种幼稚的行为在轻松愉悦的氛围中很隐晦地表达出来。

五　流行语语义变异的社会功能

语言是一种社会现象，这是被大家广为认可的。语言随着人类社会的发展而逐渐完善和变化，社会的发展是语言发展的动因。当代语言学认为，不但语言发展的最初动因应该从社会的变动中去寻找，而且在它的变化过程中，也还会受到各种社会因素的制约，从而影响到变化的速度、方向和结果。[①] 流行语语义变异的社会功能，可以让我们更好地了解语言和社会的关系。

（一）　反映民生与民情的社会功能

流行语的出现有语言发展规律的原因，也是大众创造的结果，可以让管理者体会到民风民情，携带民意诉求，尤其是网络语言、网络思想等线上文化研究占据一席之地，通过解析其出现缘由、表现形式和背后内涵，这些都是能够折射现实社会的种种深层问题，具有重大意义。例如，"开

[①]　陈松岑：《语言变异研究》，广东教育出版社1999年版。

房找我"这一表达对于社会上出现的不良现象不失为一种反讽。

　　语言的使用要在遵循一定的语法规则的基础上，还要强调个性的存在，也不能忽视掉这种个性的存在，也就是说流行语的语义变异正是个性所在。近几年的流行语在一定程度上语义都发生了变异，语义变异也是流行语的创新性所在，譬如在 2013 年年度流行语评选中，"高房价""PM2.5"都是属于 2013 年在经济、民生方面的出现频率较高的词语，又再如"比特币"和"中国梦"等，这些词语的语义在一定程度上没有发生变异。

　　流行语不同于一般的词语，除了有着词语本身的概念意义之外，流行语还具有附加意义。流行语的出现不仅仅具有对词汇系统的完善功能，每个流行语所代表的事件更应该带给人们多一份对社会、对民生和对百姓生活的更深层次的理解，能够让人们从流行语中可以有更多的思考，需要对人们的心灵有一定的冲击性。

（二）方便交际功能

　　流行语的语义变异赋予了流行语的幽默性，这种幽默性的特征拉近了人们之间沟通交流的距离。随着网络社会的推进，网络上诞生的网络流行语的传播速度之快，让人们在短时间内就接触到很多流行语，这些流行语通常代表了一个语篇或者一定的社会事件，它们给人们之间的交际带来了方便，并且伴随着人们追求时尚的心理特征让这些网络词语使用率大大提高，流行语有了更为广阔的生存环境。

（三）娱乐功能

　　流行语从语义变异内容上来看，反映了社会生活的各个方面，尤其以网络中出现的多字格流行语和各年度的"十大流行语"为代表，它们的出现很好地满足了很多网友在语言方面的创造能力，让流行语有了更为广阔的发展空间，体现了语言的娱乐功能。例如，"喜大普奔""不明觉厉""人艰不拆""Dama（大妈）""Tuhao（土豪）"等。

　　这些流行语虽有娱乐大众的功能，但它们语义变异的背后都是一定的社会事件带给我们的更多思考。在这里举一例在国际上引起广泛关注的流行语，例如：

［21］Dama（大妈）

原义：①伯父的妻子；②对年长妇女的尊称。

新义：意指那些热情但冲动、精力充沛但经常盲从、擅长利益计算但缺乏能力眼光的群体。

新义产生缘由：《华尔街日报》称，中国买家对金价走低十分敏感，抓住 2013 年的机会大量购买黄金饰品。在众多的消费者中，以中年女性为代表，她们具有一定的经济实力，在家庭中承担着重要的角色，于是引发了外界对于"中国大妈"购买黄金的关注，一度成为新闻焦点。《华尔街日报》甚至专门创造了"Dama"这个用汉语拼音得来的单词。如果这一单词的影响力一直持续，在 2014 年或被收录到词典之中。

六　研究流行语语义变异的意义

语义变异的结果，优劣与否我们现在还不能进行定论，但几点后果还是可以看到的。

首先，流行语是对现有事物的一个新表达，在某种程度上，异形同义使得汉语词汇库无价值地膨胀；其次，针对流行语的"能指"不变、"所指"有所改变即同形异义的情况人们使用频度不断地增加，为人们日常交际和社会交往带来不便；最后，同词的用法不同造成使用上的混乱。

流行语语义变异会使得一些词语在人们日常交际中造成语义模糊、晦涩难懂等方面的影响。说到流行语语义变异的弊端，就必须明确什么样的词语会称为流行语。评选十大流行语，主要考虑三个因素，"首先是流行度。其次是合法度，不收不合语法、表意不明的语词。如'喜大普奔'，表示'喜闻乐见，大快人心，普天同庆，奔走相告'让人莫名其妙，不符合汉语构词习惯，不收。第三是文明度，不收低俗不雅、不符合社会道德规范的用语"。2012 年"吊丝"一词没有入选，2013 年"小伙伴都惊呆了"也落选，原因一致，都是"不合乎社会道德规范"。"'小伙伴'本来是备选流行语，但有专家指出，在一些方言区、大学校园里"小伙伴"意思相当于'小弟弟'，语源不雅，不收录。"黄安靖解释道。

语言变异中的语义变异有其积极方面的影响，也有其消极方面的影响。流行语的语义变异对于语言规范化建设具有一定的阻碍性和冲击力。

其一，流行语语义变异会带来语义表达不明确。语言交际受制于各种语境因素，如双方共享的百科知识、情景信息；其二，流行语语义变异会造成语义异常，也就是一种超出语义限定或不符合常规用法的语义关系，如"吃校长""睡公司"等。但从大众对于词汇的使用程度上来看，新义并不能在规范化的范围之内。人们之所以能表达出对于新的语言形式或者语言内容的需要，这是经过实践的。大众在针对新事物、新想法进行语言表达时不可能无限地创造新词语来表示，也就为词语的语义变异提供了广阔的使用空间。语义变异是语言变异的一个积极因素。我们有责任去研究这些变异，并且从中找出一些带有规律性的东西。流行语语义变异反映了汉语词汇发展的过程；因为流行语从民众中来，词语背后的深层意义反映了民意民情，是一些社会现象和社会问题的语言载体。流行语的语义变异尤其积极的一面，它丰富了语言的表达能力，适应力社会发展的需要，也显示出了语言强大的创造力和生命力。陈原在《语言和人》中说道："语言变异的积极意义——那就是，语言因为有了变异，才能够把不适用的（不能适应社会生活的需要）成分淘汰掉，才能够使自己丰富起来，换句话说，语言的变异使语言本身经常有活力，不至于僵化。这就是语言变异的积极意义。"[1]

随着现代社会的不断发展，各国之间接触日益频繁，本族语与外来语、普通话与方言、口语与书面语之间的不断碰撞和融合，让汉语词汇系统既纷繁复杂又丰富多彩，这也就会使得汉语词汇系统出现变异。有人认为汉语词汇系统中出现的变异会对汉语词汇系统造成一定的影响，希望和要求对于词语变异的现象作以规范化。但从目前人们对于词汇的使用现状上来看，词语在语义上有变异才有发展，有发展才需要进一步去规范，但对流行语的语义规范并不是限制其发展。只有不断的发展，才能让语言充满活力。"对于当前汉语语汇更新变异所激起的滚滚波涛，我们应当用哲理的眼光加以观照，那就是：变则常新，有容乃大。对于语汇的发展来说，产生变异是必然的，进行规范是必要的。"[2]

任何一种语言现象，都不能简单地从语言层面去考虑，它和社会、文化都息息相关。流行语的语义变异现象是一定社会条件下催生的产物，它

---

① 陈原：《语言与人》，商务印书馆 2003 年版。

② 陈光磊：《改革开放中汉语词汇的发展》，上海人民出版社 2008 年版。

产生于历史进程之中，所以说流行语的语义变异不仅是语言现象，也是社会文化现象，这种现象不能被忽略，也不会被忽略。对待流行语语义变异，我们应该根据实际情况进行分析，不能以偏概全。流行语具有很大的使用人群，使用人群中的大部分都是青年人，他们求新求异的心理正是流行语可以被大量使用的基础，他们对语言的选择和使用，不仅是对语言方面的创新，也是对社会生活的真实情况的反映。语言的稳定性是相对的，语言的发展变化却是绝对的。有些流行语会随着时间的推移被淘汰，但是还会有一部分的流行语存在于人们的日常交际之中，这就要求我们提高对流行语语义变异的认识，为语言生活的健康发展做出应有的贡献。

第七章　流行语的语用功能

近年来，网络、电影等传媒中的时髦语言随着人们广泛的传播和使用，形成了特定时期的社会语用，随后，便快速深远地流行开来。早在1993年"下海""说法""发烧友"等就选入了当年的大众流行语的排行榜中，至今仍被广泛使用，被许多词典所收录。到2015年今天的"We are 伐木累""what are you 弄啥嘞"等的流行语，都反映和代表了一个时代的网络流行语言的特征，并且不同的群体表现的特征也会有所不同，这些不同的社会群体之间又存在着一些鸿沟，并出现了一些语用方面的问题。此外，网络流行语在社会文化方面也存在着不同的语用功能，其主要表现在流行语与社会文化、网络文化、青年文化发展的关系等。本章中将主要探究流行语与社会群体以及流行语与多元文化这两个方面。

一　流行语与社会群体

如今，流行语已经成为一种特殊的语言符号标志，折射了时代和社会的变迁，反映了流行语使用的主流群体——年轻人。这里主要是从流行语显性的时代功能和隐性的社会功能这两个方面进行探究的，这样有助于我们从流行语的一个侧面来窥探当今社会的主要文化群体。

（一）流行语显性的时代功能

每个时代都会产生一些经典的流行语，继而成为特定时期的社会用语，得以广泛流传和使用。早在1993年"下海""说法""发烧友"就入选当年的流行语前十的排行榜中，至今仍被广泛使用，并被许多词典所收录。在许多场合，流行语的出现和使用已经形成了一定的社会语用现象。流行语多来源于网络、电影、电视、新闻等传播媒介。本文研究的流行语语料限定的起点于2006年，因为2006年网络开始普及，代表着网络流行文化的一个新的时代起点。此外，从 2006 年到 2015 年的时间段正好为 10 年，我们可以窥探整个十年内流行语的发展变化态势。从 2006 年的"农夫山泉有点甜""梨花""顶你个肺"，到 2007 年的"你太有才了""做人不能太 CCTV""河蟹社会"，到 2008 年的"山寨""雷人""囧""打酱油"，到 2009 年的"被 + ××""不差钱""躲猫猫""嫁人就嫁灰太狼，做人要做懒羊羊"，到 2010 年的"给力""萝莉""正太""御姐""神马都是浮云"，到 2011 年的"忐忑""吐槽""卖萌""亲""反正我信了""坑爹"，到 2012 年的"屌丝""高富帅""白富美""中国式""正能量""你幸福吗"，到 2013 年的"高大上""女汉子""土豪我们做朋友吧""为何放弃治疗"，到 2014 年的"蛮拼的""有钱就是任性""no zuo no die""什么仇什么怨""且行且珍惜"，再到 2015 年的"duang""男友力""We are 伐木累""上交国家""what are you 弄啥嘞"等。这些网络流行语一时间都成了人们在日常生活中使用的口头禅。从表现形式和内容看，流行语往往具有很强的概括性，还具有幽默、诙谐的韵味。现代大众传播媒介覆盖面广、渗透力强，大众传播用语往往能在短时间内深入到社会的各个角落，因而一些富有魅力的流行语其传播速度之快，其影响力之大可见一斑。

语言是人类交往的重要工具，也是传播思想的重要载体。流行语常常表达人们在特定时期的新观念、新感觉或社会生活中的新事物，具有新颖性、生动性、简洁性等特点。流行语与社会变迁之间有着不可分割的联系。通过探究流行语的时代性，可以从特定的社会现象和社会文化中揭示出人们的社会心态与社会价值观。了解每个时代的社会流行语，可以更好地把握社会发展态势以及社会价值观变迁的特点。

1. 流行语与传媒的传播密切相关

流行语作为一种语用现象，反映了一个时代的人们普遍关注的问题和事物，具有显著的时代特征。近年来，移动 4G、WiFi 网络的覆盖，以及传播媒介特别是网络传播的迅猛发展，为流行语的形成与发展提供了丰富的语言传播平台。电影、综艺节目、网络、微博、贴吧论坛等媒介上出现的经典话语往往能在一夜之间走红，很快成为流行语，而这些流行语在经过网络群体的包装和大量引用后，又往往被赋予了新的语境含义，承载着一定的流行文化。流行语的发展势头之强、流行程度之广，与传播媒介的发展程度有直接而密切的关联，很大程度上得益于各大媒体尤其是网络的支持。网络流行语经过改装、套用新的语境，产生了新的词义，又由于不同的媒介传播，其来源十分广泛。

（1）源起影视节目

出自浙江卫视的一档综艺节目《奔跑吧兄弟》2015 年其中一期节目中的一个环节，邓超为了动员大家，说出了一句"We are 伐木累！"并且附加上了一句"这是我的母语"，引得大家哄堂大笑。其本意是 we are family 的谐音，我们是一家人。这一期节目热播后，"we are 伐木累"一夜家喻户晓了，流行网络和现实生活的大江南北。还有一期中，因为邓超多次说"what are you 弄啥嘞"，网友觉得非常好玩和搞笑，在经过媒体的渲染，多次在屏幕上模仿使用，这样幽默诙谐的效果，于是这一网络流行语诞生了。来源于影视节目的网络流行语非常丰富，与此同类的有：从 2006 年来源于电影《疯狂的石头》中的"顶你个肺""素质啊，注意素质"以及来自于《武林外传》的"额滴神啊"，到 2007 年春节联欢晚会小品《策划》中的"你太有才了"，到 2008 年出自于电视剧《情深深雨蒙蒙》的"雷人"以及来自电影《电车男》的"宅男""宅女"，到 2009 年来自综艺节目《超级女声》的"曾哥纯爷们！铁血真汉子！"到 2011 年来自于台湾综艺节目的"hold 住"，到 2012 年来自电视剧《神探狄仁杰》的"元芳你怎么看"以及来自于周星驰电影《逃学威龙》的"躺着也中枪"，到 2013 年来自电视剧《武林外传》的"高端大气上档次，低调奢华有内涵"，来自综艺节目《暴走大事件》的"我和我的小伙伴都惊呆了"，以及来自春晚小品《今天的幸福2》的"打败你的不是天真，是无邪"，到 2014 年来自于电视剧李小龙版《精武门》的"我读书少，你可别骗我"，网络剧《万万没想到》的"我只想做一个安静的美男子"以及来自电影《小时代3》的"撕逼"，到 2015 年来自电视剧版《盗墓笔记》的"我要把你上交给国家"等。

（2）源起新闻热点

2014 年 11 月 26 日，视频新闻中一个男子在公交车上吃瓜子乱丢，一个猛男劝说让他有点素质，这位瓜子哥并未听，然后还一直在这名猛男身边唠叨"我跟你什么仇什么怨"，猛男最后实在受不了了，连环出拳把瓜子哥打成了猪头。随后，"我跟你什么仇什么怨"就在微博等各大社交平台流传开来了。近年来，类似于上面的例子，起源于新闻热点事件的网络流行语越来越多，这类别的流行语大体上都反映社会上当时当下的各种问题。从 2007 年，质疑社会上医德问题的"茶水，你发炎了"；反映《新闻联播》主持人在报道一些重大事件时候常用一些套话来播报而流行起来的"死者目前情绪相当稳定"，到 2008 年广州电视台在采访一位市民对"艳照门"看法时，被回答"我是路过打酱油的"而流行起来的"打酱油"，于此之前对"艳照门"事件评论"很黄很暴力"一词也走红，CNN 在报道西藏"打、砸、抢"事件当中，新闻报道中严重歪曲事实，误导新闻受众，抹黑中国形象，随后，最新的网络流行语"做人不能太 CNN"也被网友编成 RAP 风格的歌谣，到 2009 年，第 11 届全运会跳水比赛后，有记者求证"金牌内定"一说，国家跳水队领队周继红的第一反应是："你是哪个单位的？"随后"你是哪个单位"快速走红；在央视《焦点访谈》节目中，面对"天津市每年要偿还的公路建设的贷款量有多大"的提问时，天津市政公路管理局官员回答说："这事儿不能说得太细。"这句话很快在各个网络论坛从汽车板块向各个板块"推广使用"，以及继 2008 年流行词"俯卧撑"之后，又一个可以致人命的身体行为的"躲猫猫"，到 2010 年，源起于官二代教育问题的"我爸是李刚"，腾讯公司给广大 QQ 用户一封信而流行的"做出一个艰难的决定"，以及发生于四川法警视频中的"我只为领导服务"，到 2011 年，起源于高铁事件的"我反正信了"，到 2012 年，源起于新闻采访而火起来的流行语"你幸福吗"，到 2014 年，源起于文章出轨事件，马伊琍的微博回复而火起来的"且行且珍惜"；起源于地铁暴打事件的"什么仇什么怨""我项链两千多"；起源于搞基事件的"一百块钱不给我"，以及起源于知道被骗仍旧继续的"有钱就是任性"，到 2015 年，源起于杭州一姑娘深夜遇到了拦路抢劫，一男子用刀威胁她去 ATM 机取钱，这个姑娘就抱住男子的脖子说："带我走吧，我失恋了！"随后拦下一辆出租车，并向司机求助报了警，而流行起来的"我失恋了，带我走吧"，以及起源于今年 6 月 6、7、8 日高考的家长们希望自己的孩子们考出好的成绩，而流行起来的"考的全都会，蒙的全都对"等。

（3）源起日本动漫

流行语中有一些词来源于日本动漫，这些带有日本文化色彩的流行语传播到我国，被人们熟知后广泛使用而形成的。最早从 2010 年来自动漫《十万个冷笑话》中的"我勒个去"，《西游记：旅程的终点》的"给力"，以及"正太""萝莉""御姐"等；到 2011 年的"坑爹""吐槽"

"卖萌"；到 2012 年的"高富帅""白富美"；再到起源于日本动漫《机动战士高达》的"no zuo no die"等。这些网络流行语相比较于其他媒介流行起来的流行语数量较少。

（4）源起于社交平台

在这个人人都有麦克风的时代，网友们的语言变得更加有天赋，社交平台变得更大众化，语言的传播速度更加快捷。社交平台主要分为百度贴吧、天涯论坛、微博话题活动、豆瓣、人人网等这几种传播渠道。从 2006 年的"人不能无耻到这个地步""不仅侮辱我的人格，更是侮辱我的智商"，到 2007 年的"做人不能太 CCTY 了""这社会，真黑""谁叫你不幸生在中国了""河蟹社会""让老百姓说话，天不会塌下来""网上有风险，发帖需谨慎""党啊，人们考验你的时刻到了"，到 2008 年的"囧""做俯卧撑（叉腰肌）"，到 2009 年的"你妈喊你回家吃饭""哥吃的不是面，是寂寞""别迷恋哥，哥只是个传说"，到 2010 年的"坛子""打倒×××""打 PP""亮骚""神马都是浮云"，到 2011 年的"伤不起""亲"，到 2012 年的"鸭梨""屌丝"，到 2013 年的"为何放弃治疗""感觉不会再爱了""长姿势""女汉子""没图说个 JB"，到 2014 年的"带我装逼带我飞""现在整个人都不好了""萌萌哒"等，这些网络流行语都来自于各大社交平台上，被网友们广泛地使用和传播。

（5）源起于其他

还有一些网络流行语源起的数量比较少，大概有起源于文学作品、歌词、广告词、解说词、新年贺词、日报以及来源已经无考证的。其中起源于文学作品的有 2006 年被恶搞的赵丽华的诗歌"梨花"，2010 年源自小说《红楼梦》第五回的"YY"，2011 年来自乐府诗《孔雀东南飞》的"悲催"以及来自美国励志书《气扬》的"气扬"，到 2012 年来自小说《中国式离婚》的"中国式"理查德·怀斯曼专著《正能量》而流行起来的"正能量"；起源于歌曲的有 2010 年黄晓明演唱的 *one world one dream* 中把"not at all"发音成了"闹太套"，"闹太套"被流行开来，到 2011 年龚琳娜的神曲"忐忑"，到 2012 年，由于鸟叔的《江南 style》而火起来的"XX style"，到 2014 年蔡依林《布拉格广场》歌词的."画面太美我不敢看"也成为了时下流行的语言；还有起源于广告词的有 2006 年的"农夫山泉有点甜"，2014 年来自于蓝翔广告的"现在问题来了"，还有 2015 年来自成龙广告《我的滑板鞋》的"duang"；还有起源于解说词的有：2006 年黄健翔的解说"你不是一个人"；还有起源于 2014 年新年贺词的"蛮拼的"；还有 2015 年起源于日报的"男友力"，意思就是适合做男朋友的程度，简单来说也可以理解为有男人味，抽象一点就是很适合做男友，还有升级版的"男友力 max"，这里的 max 表现的是程度最大；再有一些就是无考证媒介传播来源的流行语有："山寨""被××""赞""网络暴民"这四个。

以上都是 2006—2015 年最新的网络流行语，通过其各自的来源，我们可以看出，网络流行体的发展与各大网络媒体的传播密切相关，随着网络媒体的快速升级更新，传播的速度也是以往的几十倍，甚至是几百倍的速度在传递着信息，大家能够快速地共享彼此认为最时尚最搞笑最诙谐幽默的语言形式，从而在生活中能够减轻压力，释放自己的心情，让人与人之间传递着快乐和轻松。

网络流行语已经渗透到几乎所有年轻人的生活中，他们甚至在日常的生活中，也用网络语言进行交流。另外，由于网络媒体的更新换代，使得网络流行语更新的速度也非常快，每个年度都有新的流行语成为主流，上面提到的网络流行语代表了 2014 年和 2015 年时代的主流信息，由此我们可以更好地发现这个时代的语言特征和语言流行趋势。

官方媒体高调使用流行词汇透露的信息是：官方媒体风格正在发生变化，求新求变已成共识，凡社会上的热点问题，都会发出自己的声音。官方媒体不再是啧啧陈言、新老八股、假话套话的代名词。"短、实、新"的文风将成为主流，自然能激起一片欣喜。例如"蛮拼的"就是官方媒体语言使用的更新和升级，这种流行语折射出的时代特色不再是以前的沉闷官方，而是更加接地气、形象生动。由于整个时代都在锐意进取，语言当然也就需要与时俱进、求新求变。

2. 流行语反映出时代的显著特征

流行语反映了时代的显著特征，也折射出一个时代的人们的思维方式，能够真实地反映一些社会现象或社会文化趋向。在流行语中，我们都能看到与之相关的普遍社会心理特征和语用特征。流行语所反映出的时代的特征是显性的，我们从流行语中可以看出人们的精神以及物质生活状态是怎样的，可以看出一段时间内社会所反映出的问题。流行语可以及时地反映社会、经济、文化等方面的发展变化。因此，要了解一个时代、一个社会的风貌，往往就要从了解这个时代的社会生活特征开始，就要从流行语的语用意义方面获得。下面，我们将通过对近几年流行的网络语言中去发现每一个阶段时期，流行语所反映出的社会问题及特征。

（1）山寨

2009年流行的"山寨"就是一个鲜活的例子。"山寨"一词源于广东话，原指一种由民间IT力量发起的产业现象，其主要特点是仿造性、快速化、平民化，主要表现形式是通过小作坊起步，快速模仿成名品牌，涉及手机、数码产品、游戏机等不同领域。这种文化的另一方面则是善打"擦边球"，经常行走在行业政策的边缘，因而往往引起争议。如今，什么都有"山寨版"了。看来，"山寨文化"已经深深地刻上了草根创新、群众智慧的烙印，是当之无愧的中国式山寨。可见，与原来的词义相比，这个词现在的词义已经发生了很大的变化。在解读这个词的过程中，我们看到的是IT领域内小作坊经济的繁荣景象，与此同时，我们也看到了这一阶段我们的产品没有自主创新，多是模仿别人的品牌，由此反映出我们社会需要反思由"山寨"引发的"盗版"、知识产权保护等一系列问题。

（2）房价

"蜗居"一词的流行反映了时代的社会热点，它源自2009年度热播的同名电视剧。该剧围绕着买房问题展开，反映了都市白领一族的房奴生活。"蜗居"的字面意思——"比喻狭小的住所"，形象地说明了房奴的生存状态，这也正是其引发热议、产生强烈反响和共鸣的根本原因。与此同时，"蜗居"还引发了新一轮造词热，指代"毕业后选择留在大都市生活的低收入白领群体"的新词——"蚁族"等反映当前社会现实问题的词语也迅速成为流行语。让人不由感叹年轻一代所面临的价值取向和生存尴尬。"蜗居"这一流行语就反映出了在2009年前后几年，房价居高不下，而很多年轻人被迫成为房奴的现实现状，充分地反映了这个时代的年轻人很辛苦很劳累，却追不上房价上涨的尴尬境地。

（3）二代教育

"我爸是李刚"成为了2010年的网友们嘲讽跋扈"官二代"的流行语，起源于李启铭在河北大学新区超市前，将两名女生撞出数米远，一名死亡，一名重伤，李启铭却口出狂言："有本事你们告去，我爸是李刚。"随后，这一句普通的话"我爸是李刚"引起了轩然大波，因为人们听出了这句话丰富的社会语用内涵。李启铭是个飞扬跋扈的官二代，而"李刚"不仅仅是一个普通人的名字，还隐含着官员、权势之意。本身就是肇事，态度却如此狂妄，显然可以看出是对社会的公平公正进行了公然的挑衅，激起了大家的公愤，网友们语言模因了"我爸是李刚"造出了成千上万条句子，隐含意义就是错事不用负责，因为有李刚。这一网络流行语的盛行，反映了社会上有权利的包庇和纵容的问题，才会导致有这一恶劣事件和狂妄不负责任不尊重他人生命的人来，反映出了社会公平公正的缺失，有待于法律法规的健全制约，同样，也说明了社会上在"官二代"教育方面的缺失。

（4）婚姻爱情

2013年3月31日，马伊琍微博回复文章出轨事件，全文为"恋爱虽易，结婚不易，且行且珍惜"，几句金句，得到了大家的同情和大气的褒奖。网友们纷纷效仿这一句话，甚至仿写创作出了"且——且——"的马伊琍体。这一网络流行语及时地反映出了社会婚姻爱情保鲜的不容易，社会上离婚率越来越高，小三的段子也在网络上频频出现，由于社会的进步和发展，开放程度越来越高的这样的时代，人们似乎不似从前那样珍惜感情了，出轨事件频频被曝光，甚至一度被人们认为好男人形象的文章也难逃花花世界的诱惑，以至于网友们又纷纷吐槽"不相信爱情了""感觉不会再爱了"等网络流行语。

（5）中西交流

一些网络流行语已经被西方翻译并成为了固定的词汇，美国俚语词典2014年4月新建的词条中新增了网络流行语"no zuo no die（不作就不会死）""you can you up（你行你上）"等。英美媒体在报道中国男多女少现象时，将未婚男子直接翻译为"guanggun（光棍）"。而2015年流行网络语言"萌萌哒"也最早来自于日本。这些都反映了中西文化交流促进了中国流行语的产生和发展。同样，中国流行语的发展变化同样表明了中国与外国之间的文化交流更加密切和频繁了。

（6）机智应变

"带我走吧，我失恋了！"这一流行语起源于2015年的热点新闻，杭州一姑娘深夜遇到了拦路抢劫，一男子用刀威胁她去ATM机取钱，这个姑娘就抱住男子的脖子说："带我走吧，我失恋了！"随后拦下一辆出租车，并向司机求助报了警。这个网络流行语暗示了这个时代的女孩子们遇到不法分子的时候，会极力地应变，想出各种不同的办法来保护自己，惩治不法分子，不再像以前那样对不法分子言听计从了。因此，这个时代也出了很多的"女汉子",最近女汉子英勇对抗地铁咸猪手的事件也不再是罕闻,"女汉子"等的流行语也频繁被大众们所使用。反映了这个时代的人们机智应变能力有所提升,便得更加智慧,更善于变通。

网络流行语在每一个时代都会表现出不同的时代特点和问题,可以表现出不同层面的语用意义,在以上所举的流行语都反映了那个阶段的时代特征,显示出了那个时代的问题和特点。

(二) 流行语隐性的社会功能

网络流行语使用的主要群体是青少年人群,其中有少量的是初高中生,由于他们课余时间少,学习任务量大,作业量繁重,还有升学带来的压力,他们上网的时间很是有限;也有少量的青年上班族群体,由于他们每天忙于工作,周末的时间还要陪伴自己的家人和朋友,上网的时间也极有限;因此,我们把研究的对象锁定在大学生这个特殊的群体。大学校园流行语是一种特定的语言现象。透过大学校园流行语这一语言现象,可从一个侧面了解当代大学生们这一社会群体的思想动态。

1. 隐性社会功能的特征

随着时代的前进,大学生们的思想观念和思维方式已经发生了深刻变化,一批批新颖、独特的校园流行语应运而生。他们既借助于现成语句的表现力、影响力,又想表现自己的别出心裁,他们选择那些脍炙人口、传颂广远的好词佳句,按照自己的嗜好和习惯塞进反映自身特点的东西,或者换义,或者变形,使人们既感到熟悉、亲切,又出奇制胜,容易产生共鸣。大学校园的流行语有的不仅在大学校园流行,而且还流传到社会,为社会所接受,频频在新闻媒体上亮相,有的甚至进入了汉语词汇系统。大学校园流行语既是现实生活的反映,又是学生精神状态的反映。在下文中统一称为大学校园的流行语,其具有以下几个方面的特征:

(1) 形式多样

在这个多元化的时代,大学生们思想上活跃开放,语言上追新出奇,喜欢用不受约束的形式来自由地表达自己的思想和情感,从而形成了形式多样的校园流行语。其表现形式有单个的词语或短语,有的写成句子,有的用英文表达或英汉夹杂,有的则以数字形式出现。其中,以词语、短句形式出现的流行语占绝大多数,并且具有很强的感情色彩,据此可将其归为多种类型,包括:赞扬的、幽默的、中性的、挖苦讽刺攻击性的,还有一些暴力性的语言。如一些没有明显的褒义和贬义，只是为了表达更生动形象的"我勒个去""有木有"等。有一些流行语的贬义味道较明显，出现了一些挖苦、讽刺、攻击性的语言。如"为何放弃治疗""感觉不会再爱了""我和我的小伙伴都惊呆了"等。有一些流行语具有暴力性。如"灭了你""废了你""宰了你""TMD"等。还有一些流行语具有黄色色彩。如"约吗""撕逼""啪啪啪"等。无论哪一类流行语都是大学生对其情感的表达，也是其个性的显现。

（2）来源广泛

一是来自于网络语言。网络文化是校园文化的重要组成部分，大学生通过网上聊天、网络游戏、网上论坛等途径可以轻松地表达和传递思想与信息，且容易得到网友的共鸣和模仿。二是大众传媒的影响。除了网络、影视、报刊、广告等大众传媒对大学生的语言有直接影响外，大学生们对明星（歌星）语言的模仿便成为校园流行语的一部分。影视、报刊、杂志等大众文化传媒作为当代社会文化潮流的主要推动者，也是大学校园流行语的重要来源。三是源于校园生活。面对一个竞争日益激烈的时代，大学生们不但面临着繁重的专业学习任务，而且还要面临着外语四六级、计算机、普通话等考试。沉重的就业竞争压力在迫使他们埋头苦读，家境贫寒的学生还要承受来自于经济上的压力的同时，也孕育出一些大学校园特有的文化语言现象，如与大学校园生活密切相关的"郁闷""无聊"等。

（3）表达不同情绪

当然，使用"郁闷"并不表明自己真的心情很糟糕，而是大学生面对诸多现实所特有的一种无聊和无奈的反映。当代大学生大多是上独生子女，父母的企盼和社会的发展对他们提出了越来越高的要求，学习和就业的压力在逐年加大，使他们感受到了生活的烦恼和学习的压抑，因此"郁闷"一词频频出现。但在日常话语中使用"郁闷"这样一个具有浓厚书面语体色彩的词语，一方面固然表现了大学生积郁和烦闷的情绪，另一方面也反映了大学生从话语层面对无奈现实的讽刺和消极对抗。从以上的例子中，我们可以看出这类词语经常表达一种弱化的愤懑、不如意、不赞同或不满的情绪，有时甚至没有任何的倾向性，仅仅作为一种语气词在用，是这些情绪借助于语言的一种极度宣泄和释放，也表明了大学生在语言用词方面的标新立异、突出自我、张扬个性的性格特征。

（4）表现学习生活

大学校园流行语大多具有特定的文化内涵。大学校园流行语与一般的社会流行语相比要高雅一些，这与他们的文化层次有关。与其他的社会流行语的土气、俗气相比，大学校园流行语在幽默、调侃中透露出书生气、雅气。由"逃课"到"翘课"的说法反映了大学生逃课现象的普遍存在，以至于喜欢标新立异的他们要创造出新的词语来表现这种大学里差不多要恒久存在的现象，而最近新的流行语"我闪了"，则更是用来形象地表达他们逃课心情之迫切、速度之快，一句"我闪了"既躲过了老师的点名，又在逃课后获得了心情的舒畅和自由，消解了逃课本身带来的负疚感，增添了几分幽默的情趣。"抓"和"挂了"都用来表示考试不及格，在大学校园里学期开始出现的频率最高，"抓"的使用消解了被考者对于不及格的责任感，同时也是一种自我解嘲和安慰，既生动地反映出他们对考试结果很在意的沉痛心理，也表现出他们对于考试结果的调侃意味和无奈态度。QQ、微信、朋友圈、空间、微博等在大学生日常话语中占据了不小的比重，这些跟社会进步、科技发展相关的词语在大学校园内的流行，反映出大学校园对外界社会新鲜事物的迅速接纳并同步发展。

从某种意义上讲，大学校园流行语体现了在校学生特定的生存方式和社会心态。大学校园是各种文化思潮交汇的地方，多种信息在这里容易形成特殊的文化形态，并对社会产生影响。因为大学生们年轻，知识层次较高，接受新生事物的能力强、速度快，因而校园流行语往往能够凸显社会大众文化的最新形式，也易于被社会某些群体所效仿。从积极的方面讲，校园流行语反映了当代大学生敢想敢干、勇于创新和追求自身价值的一面。他们创造了属于自己的语言，显示出一种独特的交往方式。其中，有些大学校园流行语形象生动，为话语表现内容增加了弹性，留出了较大的想象空间。

2. 存在社会用语问题

校园流行语以其独特的形式、犀利幽默的语言受到大学生的喜爱和追捧，大学校园流行语中的一些语言风格和内容也潜移默化地影响大学生的精神世界和价值追求。流行语的语义有表面化、简单化、直接化和形象化的趋势，它的构成形式则表现出随意性、灵活性和不稳定性。流行语随着时代的新思维、新观念而出现，一方面折射出潜在的审美观念、社会观念与价值取向；另一方面也需要我们认真地反思流行语所折射出的社会用语的语用问题。

据调查，在大学校园流行语中有大量的话语含有讽刺和挖苦的意味，还有一少部分流行语中含有黄色特征的信息。它折射出一部分大学生不健康的社会心态。反映在言语上，一方面高校流行语很多词汇极不规范，随意性太强，甚至胡编乱造，严重违背了原有的语言规范。另一方面高校流行语中充斥着大量的音译外来词。他们在使用音译外来词时还竭力追求原汁原味的外语口音，并且经常把英语单词直接用作构句成分进入汉语句子，他们将此视为时尚、新潮，这对汉语言的纯洁性不能不说是一种损伤。

目前的流行语存在着以下一些语用偏误：但是大学生这一社会群体中又表现出了个别的差异，主要表现在以下几个方面。

（1）普遍追求一种游戏心理

大学校园流行语加重了大学生的游戏心理，淡化了大学生的责任意识"有什么不开心的事说出来让大家开心一下"，这样的流行语会使得真情失去了力量，传统失去了价值，别人的痛苦成了大学生调侃的对象，群体的欢呼凌驾于个体的情感之上，对人生、学业、朋友的态度偏离了严肃、踏实、诚恳的轨道，"在哪里跌倒，就在哪里躺下"，这样的流行语，反映的游戏心理往往会不断延伸，甚至内化成自身的处世观。在这种群体的语境中，在他人的影响暗示下，在这种看似轻松惬意的语言环境中，失去自己远大的人生抱负，对主流文化不再怀有尊重的情感，这种游戏心理看似是对现实无奈的一种调侃，实则是成长道路上神力量的缺失，在道德理想不断缺失、责任意识的消解中，大学生心灵的民族意识根基在一点点萎缩。在这样的心理状态下，大学生随意改变游戏规则，随意肢解话语含义，往往偏离了语言本身的初衷，在调侃中使自己与主流文化渐行渐远。

（2）具有低俗化、粗俗化的倾向

大学校园流行语中有很大一部分是来自网络聊天或游戏。调查中发现，在网络语言中普遍存在品位不高、错别字泛滥、肤浅、粗俗、黄色的倾向，像"他妈的""狗屎""屁""你去死""啪啪啪""撕逼""约吗""没图你说个 JB"等随处可见，甚至是女生都会脱口而出。对大学生而言，网络语言是在特殊时代里的一种特殊的表达方式，这种由内而外的转变对大学生文化内质的建构具有重要的作用。这使得网络在给大学生提供展现自我的平台的同时也给了他们放任自流的机会，在语言上、道德上没有一个约束，从而影响到日常生活和学习，不利于大学生形成正确的人生观和价值观。

语言材料中往往承载着特定的价值观、道德观和伦理观。个体特别是青少年在学习掌握语言的过程中或多或少会受其影响。在网络流行语中，有相当一部分是有益于语言的丰富与发展的。如"pk"在 google 搜索的结果已经上亿，可谓广受欢迎，流行甚广。流行的原因之一在于这个词简洁、形象，可广泛运用于新闻等语体中，适应了现代社会快节奏的生活方式。但不可否认的是，一些网络流行语对个体正确的人生观、价值观、道德观、伦理观的形成具有负面影响。如上述网络流行语中"SB""TMD""TNND"等词难免给人粗俗、没有涵养的印象，如果个体将其应用在现实生活中，则对其社会化有着极大的不利影响。

（3）流行语使用不规范

流行语一方面为汉语词库输送了大量年度热词，另一方面也对汉语造成了不小的冲击，错别字和谐音字歪曲了词汇的正常读音和规范写法，一些词汇令人费解，影响正常交际。流行语的不规范使用，对于正在学习汉语的中小学生产生了负面影响。曾有这样的报道：某中学的一位老师在期末考试作文阅卷时发现一名学生的作文是这样开头的："偶 8 素米女，木油虾米太远大的理想，只稀饭睡觉、粗饭，像偶酱紫的菜鸟……"这些句子让人摸不着头脑，用规范的汉语来表示，才明白其要表达的意思是："我不是美女，没有什么太远大的理想，只喜欢睡觉、吃饭，像我这样子的新手……"不禁让人感叹流行语对于青少年学生的不良影响之深。这样的文字让人不知所云，连作文老师都看不懂。更为严重的是，如果动则以网络语言特别是网络流行语与人交流，形成了个体的话语风格，就不仅会时常造成交际障碍，而且更易形成代沟。因此，如何规范流行语的使用，避免青少年学生受到不良流行语的腐蚀，从而最大限度地减少对正常语言教学带来的负面影响，是值得探究的问题。

在如今的网络社会里，青少年可以自己选择网络信息，选择运用网络流行语，这就对我们的传统教育提出挑战，重要的是要培养他们独立思考的能力，培养青少年正确选择、分析、判断网络流行语的能力。鉴于网络流行语对个体社会化的影响力，对其进行规范也是非常重要、非常必要的。我们要规范那些不利于语言健康发展的流行语。但我们也不能对网络流行语采取极端纯洁主义的态度，完全排斥网络流行语中对语言的创新使用，毕竟网络流行语中含有对语言发展有益的成分。

流行语每年仍在不断地产生，加之网络、影视等传播媒介的平台辅助效应，其传播范围之广、流行速度之快是不可估量的。流行语的产生在很大程度上反映了年度的热点，具有鲜明的时代特征，折射出时代所关注的焦点问题。纵观当今的语用环境，流行语的使用不仅仅是社会语用问题，还是社会的文化问题。社会流行语的语用偏误、使用不规范对汉语的使用产生了不小冲击，应当引起高度的重视。对此，有关部门应当规范流行语的使用，指导语言的实践，加强对与社会流行语相关的审美观点、社会观念和文化价值取向的研究，有效地对语用现象进行管理。

二　流行语与多元文化

语言是文化的表现，是文化表达的重要工具。"流行语"是网络媒介文化的重要组成部分，在混合媒介时代"流行语"的变化，会折射出不同时期人们价值观的变化，是人们生存状态和社会现实的记录，融入文化中，浓缩当下社会的文化内涵以及文化传承的方向。对流行语与多元文化之间的关系以及流行语文化的发展态势的探析，有助于我们更好地了解流行语的文化内涵。

（一）流行语与多元文化的关系

随着社会的发展、科技的进步，以及新生事物的层出不穷，新词新语正在迅速大量地增加。流行语作为新词新语的一种，是一种动态的语言现象，与社会文化的变革、网络文化的引导、外来文化的接触、青年文化的创新都密切相关。它结构新、语义新、感觉新，包含了人们的情感，能够传神地刻录全新的事物，具有一定的生命力和鲜明的时代特征。我们从词语中不仅可以观照社会生活的变化，而且也能把握一定时代人们的文化心态。所以，流行语也体现出比较深刻的文化价值和语言学价值。

1. 流行语与社会文化

由于经济的飞速发展，近年来人们精神的需求也日益丰富，网游、流行歌曲、畅销书、文学作品等不断充实着人们的生活。经济促进着人们精神生活面向市场化，并在市场经济中成长发展。在这样的市场环境下，媒体应运而生，它就像一张大手，触及我们生活的各个方面。媒体的发展促进了流行语的形成和普及。流行语是在某个时期，某个地域或是某个国家的人关注和讨论的话题所形成的语段或是词语经过传播而形成。流行语的形成与社会、时代以及文化密不可分，它直接而又客观地表现了当时社会政治的发展变化、群众思想意识的变化及现实生活中的一些民俗文化风气。流行语就像是社会的一个温度计时刻反映着社会的变化，在不同时期有着不同的流行语，它充实着人们的精神生活。改革开放以来，中国的经济飞速发展，同时思想上也在不断进步。流行语是思想发展进步的见证。在中国的历史发展中的某一时期从没出现过这么多丰富的流行语。

　　流行语是一种文化现象，它随着社会发展而不停地变化，它只存在于社会中。社会的动荡，分化都直接影响到了流行语的发展。流行语的形成可以反映出社会的经济、政治及生活各方面的变化。和谐的政治环境给流行语的发展提供了空间环境。从1978年我国的改革开放以后，我国的政治、经济、文化发生了巨大的变化，新观念、新事物、新文化层出不穷。由于在宽松和谐的政治环境下，人们的言论有了表达空间更显民主自由。人们可以通过媒体、网络等方式表达情感，传播信息；流行语就在此过程中而形成。假如没有和谐的社会政治环境，一些带有讽刺含义的流行语是不会流行的。宽松的文化氛围是流行语的精神支柱。流行语已逐渐成为一种文化，它的形成和发展都是在宽松的文化环境的前提下运行的。流行语的形成和发展从社会角度分析也是人们对社会生活的一种表现。

　　我们生活在一个多元化的社会，许多的流行文化因素会给流行语注入新鲜的概念，使流行语文化永葆活力。多元文化是指人类生活在拥有多个文化的社会中，由于网络的发展，信息的传播越来越发达，不同的文化也在快速地传播。各个文化都在面临着挑战和机遇，层出不穷的新文化也让人眼花缭乱。流行语文化也是多元化社会的组成部分。社会的发展需要这些文化的服务，同时这些文化的发展依赖于社会的发展。网络、广播、电视、报刊等传媒的发展为流行语的传播提供了通道。每一种文化的形成发展都需要某种媒介来传播，它以语言的形式潜移默化地伸入我们的生活中，它以高频的优势让人们记住并传播它。流行语文化就在这样的时代环境下发展并使人接受它。网络、广播、电视、报刊等传媒不仅为流行语提供了传播的渠道，也提供了流行语发展的有利的环境。在媒体上发表语言它不是一个面对面的对话环境，这样就给了群众更加自由的言论环境，减少了言语上的限制，人们可以自由地抒发自己的情感、思想；这就会形成多样化的语言。语言的多样化可以促使流行语的形成，有创新就会有发展空间，优秀的创新会赢得大众的喜爱及欢迎，为流行语的形成提供了条件，最终形成流行语。

人类社会文明在不断进步，社会在不断发展，语言也在不断地更新，流行语就是社会文明发展的见证，每个时期有它自己的流行语，流行语的形成从侧面推动了社会文明的发展。研究解读流行语，我们需要循着历史社会文化的足迹，了解各时期社会的动荡和发展；不管是社会的语言环境、个人的心理因素的变化，它都是历史社会文化的组成部分；如果想真正解读流行语文化，就必须了解社会文化的各个方面。

2. 流行语与网络文化的关系

网络流行语的生成与流行既是一种语言现象，也是一种社会现象。网络流行语的生成和发展，反映了现代化发展过程中的社会文化特点。网络流行语创造者和传播者的年轻化导致语言的年轻化。据 2014 年 6 月，中国互联网络信息中心（CNNIC）发布《第 34 次中国互联网络发展状况统计报告》，中国网民规模达到 6. 32 亿，互联网普及率攀升至 46.9%，2/3 网民为学生，30 岁以下网民占 59%，约为 2.5 亿人。由此可见网络流行语的创造和传播主体主要集中在 80 后和 90 后的年轻人。这群年轻人个性独特、活力四射、思维活跃、创造力强而又热情高涨。他们不仅以引起众人围观赞赏为乐事，还经常把网络流行语带进日常口语对话中，并以使用网络流行语作为自己的个性标志。这个年轻群体创造的语言正如他们本身所具有的特性一样。

在网络文化中，一些看似普通的流行词语却有着特别的意思。如"灌水"是发无聊帖子的意思；"抛砖、踢一脚"是跟帖的意思；"偶"是我的意思；"9494"是就是就是的意思；"水蒸气、纯净水"是没有任何内容的灌水之意；"拍砖头"是批评某帖的意思；"路过"是随便看了一下帖子的意思。还有些流行语从形式上看就比较独特。如"弓虽"是强的左右部分、"SB"是对某些人的蔑称；"斑竹"是版主之意；"火星帖"是指经常能看到的离谱的帖子或话题。诸如此类的流行语还有很多。它们或是从现代汉语的现有词汇中引申出新的义项，或是创造出新词新语。这些流行语的生命力姑且不论，但它们均体现了标新立异的特点。这种树异于人的用法，还体现在一些句子中，例如，"我不是随便的人，我随便起来不是人"这一句是对"随便"的创新用法；"鸟大了什么林子都有"，这是对"林子大了，什么鸟都有"的创新用法，意指人的能力和名气如果足够大，就会有好的舞台供他施展自己的才华；"有钱人终成眷属"是对"有情人终成眷属"的变异用法，"情"和"钱"的一字之差，使得原句的境界全无。"黑夜给了我一双黑色的眼睛，可我却用它来翻白眼"，这是对本来富有哲理的一句话"黑夜给了我黑色的眼睛，但我要用它寻找光明"的改编，改编后增加了幽默、戏谑的色彩。而"思想有多远，你就给我滚多远！"所体现的个性色彩则极为强烈。

这些富有个性的网络流行语之所以产生与快速流行，有其社会基础。网络在中国的发展速度很快。和其他年龄层比较而言，年轻人思想活跃，喜欢新鲜事物，更喜欢追求个性，展示自我，崇尚创新，追逐时尚，往往不愿意接受现实生活中诸如一些语言规范的约束。开放自由的网络给以年轻人为主的网民群体提供了创造发挥的空间，为网络流行语的产生提供了必然和可能。这是网络流行语流行的重要社会基础。在网络中，人与人之间是平等的，没有现实社会中的等级之分，没有现实社会中的限制和约束。网络又是虚拟的，人们在创造、使用新的词汇、新的流行语的时候，具有更大的自由和空间，而不必太在意他人的评价。从社会心理层面分析，这也反映出在中国社会现代化的社会变迁中，中国人的社会心理也在发生着变化，传统中国人的民族心理倾向于内敛、谨慎，但上述流行语的流行则从一个侧面反映了随着文化融合与现代化的发展，中国人的内敛、谨慎特点的弱化，个性和自我表现等特点的增强。

3. 流行语与外来文化

语言在发展演化过程中，随着不同国家地区、不同民族之间的贸易往来、文化交流、移民杂居等，会出现不同语言之间的借用、吸收现象。在网络中，也存在着语言的借用与吸收。

在网络流行语中，有些源自方言。如"顶你个肺"原来是广东方言，周星驰的电影里出现过这样的台词，而随着《疯狂的石头》这部电影的火爆，这句幽默的台词也随之流行。恶搞文化，原来经日本游戏界传入我国台湾地区，成为台湾 BBS 网络上一种特殊的文化。这种新兴的文化后又经网络传到香港，继而全中国。"恶搞"这个词也随着恶搞文化的兴起而流行。除了方言成分的流行以外，网络上还出现了许多源于英语的流行语。如"FT"是"faint"的简称，晕倒的意思；"CU"是"SEE YOU"的意思；"RUOK"是"ARE YOU OK"的意思；"OIC"是"Oh, I see"

的意思；"OICQ"意思是"Oh，I seek you"；"BTW"是"By the way"的意思；"GF"是"girlfriend"的缩写；"BF"是"boyfriend"的缩写。这些流行语均来自英语，并做了改变，是对英语的变异使用。

这些网络流行语的大量出现，和网络环境的特点密不可分。网络环境具有开放性和自由性，它打破了空间的限制，使得不同地区、国家甚至全世界的人都能通过网络进行交流。这种特点为不同语言的接触、借用、流行提供了得天独厚的便利条件，并加速了这一进程。而基于这种基础生成的上述网络流行语，体现了多元文化彼此接触的特点，使得不同的文化成分可能为对方所吸收、借用，从而为新的文化形态的形成提供了可能。英语作为一种全球语言对网络语言、网络流行语的产生具有重要影响，网络中多元文化接触的影响在很多源自模仿英语的流行语中得以体现。如很多通过汉语拼音生成的流行语就是对英语形式的模仿："TMD、TNND"是骂人之语；"BT"是变态的意思；"MM"是妹妹全拼的缩写；"GG"是哥哥全拼的缩写；"PLMM"是漂亮美眉全拼的缩写；"PPMM"是漂漂美眉的拼音缩写；"3Q"是 thank you 的意思；"PF"是佩服的意思等。

4. 流行语与青年文化

随着中国社会经济的飞速发展，文化也越来越呈现出多元化态势。青年流行语作为一种灵动的青年文化现象，在青年的现实生活中随着社会的变化而不断涌动翻新。青年流行语承载着一定的信息，在一定意义上能够敏锐地反映出客观世界和青年的思想观念、生活方式的变化，折射着青年人喜怒哀乐的生存状态，表征着青年的社会文化心态。

科学技术的进步和社会生活的变化，是流行语产生的源泉。随着网络科技的发展，网络游戏文化在青少年群体中广泛流行。青年人模仿成人，追求时尚，讲求效率，宣泄压抑，流行网恋、虚拟婚姻生活。流行语越来越成为了青年人使用网络语言的文化符号的标志。为了适应网络的快捷性，展示个性，网络用语发展迅速，青年人上网普遍用 BF（boyfriend）代替男朋友，用 GF（girlfriend）指代女朋友，LG 代替老公，LP 就是老婆。配合网络 QQ 表情，用我晕、我倒表示我很吃惊、我很气愤，形容人长得丑用恐龙、青蛙，形容技术水平差用菜鸟。交流双方必须心有灵犀一点通，只凭若干词语或不完整的残句便能明白对方的意图。这些网络青年用语的流行，说明了青年对网络文化的推崇及其超强的文化创造力，显示了技术化特点在青年文化中的突出显现。

青年流行语是青年文化的晴雨表和温度计。它在某种程度上反映了我国不同时期的青年文化时尚，反映了青年的审美价值取向。时尚就是美，时尚就是他们追求的目标。哈日、哈韩也是近年来最为流行的青年流行语。日、韩流行文化以劲舞表演、服装、彩发、影视剧等形式在中国城市青少年之中迅速风靡，日韩服饰也迎合了青年时尚的需要，彩发、名牌已成为青年时尚的装扮方式，日、韩剧中表现出的家庭亲情和生活气息也与东亚国家家庭伦理文化产生了共鸣。网络科技的迅猛发展，又进一步推动了这种流行趋势，偶、MM、GG、BT、886、7456、9494 等网络语言在青少年中不断涌现并不时翻新。这一切都宣示着短信、QQ、微博、微信、人人、陌陌等网络生活方式是当代青年时尚的交际形式。

现代青年人的思想意识有别于以往，青年流行语产生的一个重要的原因就在于青年具有追新、追奇、追时尚和追求与众不同的叛逆心理。例如，随着媒体的平民造星运动，"中国好声音"一词迅速成为现今一种极为流行的青年文化现象，它在某种意义上适应了当今时代青年的思想意识和需求，反映了青年对权威的一种反叛。再如，一些青年人利用网络技术，恶搞红色经典、历史名著和社会名人。恶搞在反映了当今社会某些低级文化流行势态的同时，也反映了网络技术的进步以及青年人对社会生活的叛逆态度。又如裸聊、泡妞在学生群体中也十分流行，它们客观地折射出一些青少年好奇心理很强，对新事物总想究其所以，崇尚消极、庸俗文化，倾情于色欲的心理反应。互联网的蓬勃发展，活跃了青年的思想，开阔了青年的视野，也打破了过去那种千篇一律的生活方式及行为模式。同样也反映了青年对束缚人们语言表达的某些传统语言规范形式的一种反叛，反映了青年人追新、追奇、追时尚和追求与众不同的心理。

（二）流行语的文化发展态势

根据"流行语"，我们可以把握经济发展的态势、生活变化的轨迹、文化潮流的走向以及人们价值观的取向。

1. 大众化

往年，网络流行语被传统媒体和官方接受的频率较低。2010 年，网络流行语"给力"一词于当年 11 月 10 日登上《人民日报》"江苏给力'文化强省'"，一度引发舆论热议；2012 年，《人民日报》十八大特刊上出现网络流行语"屌丝"一词，但对此词持批判态度。2014 年开始，传

统媒体尤其是新闻门户网站大量吸收网络流行语。网络流行语被社会接纳
的程度从这一词汇的网络热度与媒体热度的对比可见，2014 年 12 月，
"也是醉了"的网页数（网络热度）与网上新闻篇数（媒体热度）的比
例为 10：1；"有钱，任性"这一比例达到 2：1；而"萌萌哒"比例甚至
达到 1：1，网络流行语的网民传播和媒体传播进入"同频共振"阶段，
网络流行语开始越来越多、越迅速地进入一般词汇序列，并进而深刻影响
社会生态。以上说明了网民对于社会的力量影响增大了，网络流行语的文
化发展更趋向去大众化。

　　2. 微博化

　　微博、豆瓣热点话题成助推网络流行语产生的一大动因。2015 年
"感觉自己萌萌哒""duang""we are 伐木累""上交给国家"等流行语，
均发源于新浪微博热点话题策划的造句运动；2014 年末，在微博上发起
的"一百块钱都不给我""什么仇什么怨"，也均是微博热点话题策划的
造句活动；2013 年 9 月 9 日，在微博上发起了"与土豪做朋友"以及
"为土豪写诗"活动，也助推了"土豪"一词的持续流行。微博段子手制
造的网络流行语也不少，如"心塞"最初源于微博段子手"称霸幼儿园
的女人"在微博中大量使用，表达内心的抑郁和对世界的不满。来自豆
瓣小组的网络流行语也较多，"萌萌哒""直男癌""你家人知道吗?"等
均源自豆瓣小组。

　　3. 萌化

　　"萌"系网络流行语盛行显示中国社会群体不断分化，年轻群体呈现
排他性和返童性特质。体现青少年群体卖萌心态的"萌"系流行语是我
国近年来网络流行语中的重要组成部分，尤其是近两年，返童化的"卖
萌"词汇增多，如源自方言的网络流行语"肿么了""你造吗""酱紫"
等，是青年网民试图用一种略显幼稚的语言风格塑造自身群体特质的表
征；2014 年的"萌萌哒"句式被看作是中国青年群体萌系语境建立的标
志；网络流行语"中二病"可以看作是青年群体对自身的定义。青年群
体正以一种相对隐匿的方式，构建出群体规范，"萌"系网络流行语可看
作这一群体的话语权规范之一，主流话语权在青年群体这一话语权建构中
有被边缘化倾向。

　　4. 国际化

　　越来越多的网络流行语走向世界，显示中西方文化交流提速。一些中

国网络流行语被西方翻译并成为其固定词汇。美国俚语词典 2014 年 4 月新建的词条中新增了"no zuo no die（不作就不会死）""You can you up（你行你上）"等。英美媒体在报道中国男多女少现象时，将未婚男子光棍直接翻译为"guanggun（光棍）"。"卖萌""罗莉""御姐""正太"等则来自日本语。中西文化交流成为促使中国网络流行语产生的重要动态因素。

5. 正能量化

正能量网络流行语增多，体现中产阶层对社会的认同度上升。体现积极向上人生观、追求健康自然生活态度的正能量网络流行语增多，如"暖男"指的是像煦日阳光那样，能给人温暖感觉的男子；"也是蛮拼的"指的是坚持努力来代替放弃的积极人生观；"断舍离"是来自日本的汉字词等，意指舍弃多余的废物，脱离对物品的迷恋。负面时政事件引发的网络雷语大幅减少，说明网络舆论环境出现明显好转。2014 年网络流行语多数来自网民原创，少数源自社会新闻事件但也多为娱乐化事件，如"什么仇什么怨"源自公交车上两位乘客的对话；"有钱，任性"源自一老人被骗仍坚持给骗子汇款的社会新闻，这两个社会新闻都不是负面时政事件。网络流行语传播中的时政因素减弱，显示舆情应对能力及网络舆论环境好转。

流行语的传播实现了社会文化的丰富。"流行语"往往是在较短时间内以迅猛之势占据了社会文化的中心，突出社会主题，彰显主流文化。历年来媒体公布的"流行语"是时代发展中国际和国内社会的诸多热点的客观写照，这些内容集中彰显了当今的主流文化，是当下社会生活的核心。如"蛮拼的""上交国家"等，都显示出了一种正能量化的社会风气。

第八章　流行语与语言的发展

流行语具有新鲜时尚、易传易变等特征，充分反映了网络时代对语言生活的影响。流行语的存在和流行是客观事实，既是一个文化现象，又是一个语言现象，而且常常是一个临时的现象，对语言来说，它的存在并不说明它必然会成为语言的合法成员，但却能给语言发展演变带来新的气息。

一　流行语与语言接触和影响

语言在发展演化的过程中，随着不同国家、不同地区之间的贸易往来、文化交流、移民杂居等，会出现不同语言之间的借用、吸收现象。所谓"语言接触"，最简单地说，是指特定的语言个体或语言社团同时熟悉并使用一种以上的语言。换言之，语言接触指的是一种社会语言学的状况，而非语言演变的过程。就像很多语言学家所强调的，任何一种语言在演变、发展的过程中都会在不同程度上跟其他语言发生接触。流行语中也出现了大量的外来词、方言词、字母词等。

（一）汉语与外语的接触

当今的社会，经济不断地繁荣和发展，全球一体化和趋势越来越明显，不同国家和地区之间的交流合作日益频繁。汉语在国际交往过程中也受到一些其他语言的影响。例如：

[1] 逆袭：2013 年公布的年度流行语"逆袭"，这个词语是从日语引进的新词，意思是在逆境中反击成功。如今意义和用法拓展，新事物冲击旧事物、后浪推前浪，等等，都可称逆袭。逆袭表达了百折不挠、奋发图强、充满正能量的精神。

　　[2]壁咚：源自于资本的流行语，时常出现在日本的漫画、动漫以及电视剧中。男性把女性逼到墙角，单手或者靠在墙上发出"咚"的一声，让其无处可逃的动作。这个词随着中日文化的接触，渐渐地步入了汉语流行语的行列。

　　[3]恶搞：恶搞文化原来经日本游戏界传入我国台湾地区，成为台湾 BBS 网络上一种特殊的文化。这种新兴的文化后又经网络传到香港，继而全中国。"恶搞"这个词也随着恶搞文化的兴起而流行。

　　[4]GF：来自于英语单词"girlfriend"的缩写，是女朋友的意思。因为这样表达委婉以及方便，所以渐渐地流行起来。

　　[5]熟女："熟女"一词是从日本传播界流传过来的词汇，现在泛指30—50岁的成熟女人。但不是所有成熟的女人都是熟女，我们这里要说的熟女不仅仅是性成熟。真正的熟女应该拥有丰富的人生阅历，有内涵，气质优雅，自爱自信，懂得体贴和关怀。

（二）汉语普通话与方言的接触

　　在流行语中，有些词语源自于方言。虽然国家在大力地推行普通话，但是在中国这样一个地域广大的国家，地区之间的语言都是有所差异的。我国是多民族的国家，方言各具特色，近年来地方文化的盛行加上大众传播媒介的促进，使得方言这一地域性的民族文化受到欢迎，不少方言已收录到普通话词汇中。不少港台的流行语也随其文化娱乐活动传入内地，方言也是一种重要的交流工具，同时也能显示出与众不同的地方特色。许多谐音的流行语也是通过谐音方言词的方式产生的。由于如今网络及通讯的发达，不同地区的人可以突破地域的限制，通过多种平台进行沟通交流。在这个过程中语言之间接触碰撞，在这样的条件下会产生大量源于方言的流行语。近年来，许多地区的方言开始进入我们的生活，我们又是也会模仿这些方言的语音语调，来显示自己别致的风趣。我们平时常听到的"大款""款爷""大腕""名腕""够哥们儿""铁"等是来自北京方言的。还有东北话中的"唠嗑"，广东话中的"炒鱿鱼"等。还有很多我们日常使用的流行语也是来自各种方言。例如：

[6] 顶你个肺：原来是广东方言，周星驰的电影里出现过的台词，随着《疯狂的石头》这部电影的火爆，这句幽默的台词也随之开始流行。

[7] 虾米：是闽南语"什么"的谐音。例如"做虾米"的意思是做什么，"为虾米"的意思是为什么。闽南语"什么"的发音为：xiá mì 网络用语"虾米"网络用语，"虾米"的意思就是"什么"取自闽南语"什么"的谐音。发音：xia mi 多用于网络聊天、论坛帖子当中，是对"什么"的一种时尚称呼，在 80 后、90 后网民中普遍流行。"虾米"居于 2013 最新网络流行语榜首位置。

[8] 不差钱：这一词语是出自赵本山小沈阳的小品《不差钱》中的一句东北方言，随着这部小品在春节联欢晚会播出之后，这句东北方言"不差钱"也随之流行起来，被人们广泛使用。

[9] 拍拖：源自粤语方言，现在用于形容男女之间在谈恋爱的状态。拍拖原为珠江口一带航运俗语。珠江口航运发达，通常大船载货并拖小船一艘，主航道大拖小；近岸时，大船吃水深，难以靠岸，此时小船便卸货上岸，来回相依。后以此形象比喻男女恋爱时的互相关心和难舍难分，约定俗成，谓之"拍拖"也。

[10] 菜鸟：这一词汇源自于港台地区，用于形容刚刚开始上网的新手，用来形容对新事物操作不熟悉。

[11] 山寨：这个词源于广东话，本意是指"小型、小规模"，也有"地下工厂的意思"，近几年"山寨"这个词极为流行，一讲到这个词人们就会想到"造假、盗版"的意思。

二　流行语与语言类推机制

类比推理是根据两个或两类对象有部分属性相同，从而推出它们的其他属性也相同的推理，简称类推。它是以关于两个事物某些属性相同的判断为前提，推出两个事物的其他属性相同的结论的推理。是被广泛应用的逻辑思维形式、思维方式和认知技能。"语言的类推变化是一种普遍存在的语言现象，历史比较语言学家借助类推机制解释语音、词汇、语法等方面的历史演变规律。研究语言的这种类推机制有助于我们揭示语言的体系、构造及语言运用的普遍规律。"① 有许多的语言学家都曾经指出，类推是语言的发展的演变的一种重要的方式。当代流行语的构造过程中，许多流行语的产生都受到语言类推机制的影响。

（一）类推机制在流行语结构生成中的作用

"类推"在英语中叫"analogy"，来源于希腊词语"analogia"。语言中类推机制，主要是指以一种语言中某些词语形式为参考，在此基础上创造出一系列与原词语形式具有相同或类似规律的新形式。类推作用于构词，一方面跟语义有关，另一方面与人们总是善于由已知知识去推知和掌握未知知识的认知规律相一致。人们利用语言类推机制通过增加前缀和后缀的方式来构造新的词语。例如：

［12］绿色××：人们用这种方法创造了一系列的"绿色"词语来形容环保，包括"绿色能源""绿色食品""绿色出行"等。

［13］×盲："文盲"一词已经流行了许久，根据结构模式我们在近几年构造了"科盲""法盲""舞盲""机盲""股盲"等词语，用来形容对某类事物处于一种无知的状态。

［14］××效应：原是一个并不常用的专业术语，近年来却构造了一个流行的词族，有"经济效应""深圳效应""名人效应""明星效应""轰动效应""负面效应"等；而"超级"有"超级市场""超级公路""超级明星"等。

［15］×奴：随着经济的发展，房价的上涨，越来越多的人选择贷款买房的方式，人们将这类人称为"房奴"。由于这个词语形象的表达了这种社会现象，被人们广泛使用。随后根据这个词也派生出了许多流行的词语，如车奴、学奴、证奴、儿奴、节奴、婚奴等。

（二）外来词语的借用及类推影响

类推作用也表现在外来词的借用及推广上。外来词借用多半都是单独引进的，而现代汉语中许多借用的外来词则往往在类推机制的作用下形成

---

① 姜同绚：《类推机制视角下的新词语论略》，《现代语文》（语言研究版）2007 年第 6 期。

一些类聚,有的甚至成为汉语系统中的有机成分。外来词正在源源不断地走进我们的生活,流行于我们的生活中。例如源自于日语的"屋""族"等就具有较强的类推能力,以至于近年来类推出大批新的流行词语。像"精品屋""书屋""发屋""鞋屋""时装屋""饼屋""啤酒屋"和"打工族""休闲族""追星族""工薪族""上班族""持股族""单身族""打车族"等词语在大小城市的街面上都是屡见不鲜的。这些流行语流行起来的原因并不只是因为汉语中缺乏表达一些事物的概念,也是处于人们创新求异的心理。由于类推机制的作用,一种语言不管吸收多少外来词语,其语言的规范性、明确性永远不会丧失,语言的特色也不会因此而减弱。

类推机制下产生的新的流行语是人们追求简洁以及新鲜感的产物。人们利用语言类推机制将旧的词语、旧的语言模式用于新的环境,创造新的搭配,从而不断地壮大流行语的队伍。所以说类推机制的作用在词缀构词等方面具有很大的影响力。但是语言类推机制对语言的发展不只是积极方面的,也有消极的一面。我们应该关注语言规范化的问题,让类推机制推动着语言向规范化与丰富活化的方面健康发展。

三　流行语与语言创新变异

(一) 流行语的流行特征

流行语形式多样化,所以呈现出的书写风格与方式往往有悖于传统的规范的汉字形式,在构成上以数字型、汉字型、字母型、符号型和语码混合型为主。流行语是一种动态现象,产生、消失或被接纳都有一个过程。尽管这个过程可以有长有短,甚至有些新词新语本身就是作为流行语而创造的。处在这种过程两端的流行语,前端与新词新语、后端与一般词语容易混淆,这就给流行语的定性带来一定的困难,要求我们进一步探讨流行语的其他属性特征。

1. 流行语的时代性

流行语作为一种词汇现象,反映了一个国家、一个地区在一个时期人们普遍关注的问题和事物。鲜明的时代性是流行语最显著的特点。流行语的流行跟其他事物一样有阶段性的,流行语集中反映了某一时代的社会风貌、语言时尚和大众心理。例如当下十分流行的"微博""微信""微新闻""微电影"等，社会正在迈进"微时代"，"微××"正在改变人们的生活方式以及思维模式，也是一个时代的标签。还有某一时期的流行语主要受那个时期的经济、文化、政治等因素的影响。例如在"文化大革命"时期流行的语言就是"××万岁""打倒××""黑五类""坐冷板凳"等，这些词语都极具时代特征，集中反映了当时的社会环境和政治环境。但是改革开放之后，这些词语便不再流行了，很少再有人使用了。取而代之的是"实践是检验真理的唯一标准""摸着石头过河""不管白猫黑猫，抓住老鼠就是好猫""发展才是硬道理"一类词语，也充分体现了改革开放时期的精神思想，也反映了大众的心理状态。

　　流行语作为时代的产物，它的内容也会随着时代的变迁不断地发生变化。有些流行语会随着时代的发展而逐渐地被人们遗忘，例如2003年流行的"非典"，随着这种疾病的消失，相关的流行语也会随之消失或者沦为普通词语。流行语就是在这样不断的淘汰、产生的过程中不断发展进步。

　　2. 流行语的创新性

　　流行语是一种极具创新性的词语，它经常会给人们带来一种耳目一新的感觉，这也是流行语能够广为流传的原因之一。流行语的造词方式主要包括旧词新意、词性转变、缩略、谐音字母词等。这些方法通过对旧词的改造和对一些词语的缩简等求新求异的创新方式来是表达更简洁和清晰，这充分体现了流行语的创新性。举个例子，如在股票市场中"套牢"一词，原指股票买进后股价大跌无法出手，后来这个词被引申为被不如意的婚姻羁绊住，或者是陷入爱河，现在又泛指被长期牵制、束缚。这就是所谓的旧词新意。再例如词性转变，以"巨"字为例，在《现代汉语字典》中，"巨"字的词性是形容词，有大的意思。但是在流行语中，"巨"字又被用作副词，表示很、十分、非常的意思，例如"巨能说""巨无聊"等。流行语的创新性主要体现于用最简单地话语来表达最丰富、最深刻的内涵。例如，在传统的汉语中，人们主要使用双音节词语或多音节词语来表达，但是在当代汉语中，产生了许多别具风格的单音节词语，也有越来越多地人们使用这些单音节词语来表达自己的感受等，例如"爽""赞""炫""酷""牛""嗨""汗""晕""菜""靓"等。

3. 流行语的简便性

流行语的产生的原因之一就是为了提高交际聊天的效率，因此流行语也是极具简便性的语言。流行语大量采用字母、数字，通过谐音、缩略等方法将复杂的汉字输入转化为简便的字母、数字和符号。无论是用谐音数字还是字母缩写的方式来表达较长的文字，这都体现了流行语的简洁性。这样的例子也是比较常见的，像"886"表示"拜拜了"；"1314"表示"一生一世"；"BF"表示"男朋友"；"GF"表示"女朋友"；"3Q"表示"谢谢"等。

4. 流行语的文化性

语言是一个民族的文化的体现，民族的历史和文化都要靠文字来传承和记载。流行语也从一定的角度表达着人们的价值观和文化心态，具有丰富的文化内涵。流行语也通过网络平台传递和融合着不同国家地区的文化。随着互联网的飞速发展，人们开始越来越多地使用数字和字母来传递信息，在人们的交流中，也越来越多地出现数字和字母词等，这一类的流行语就以此种方式融合着不同国家、种族的文化。现在许多年轻人都认为使用字母词、数字等流行语是一种时尚的表现。例如，我们现在常常用的"high"在英语中的本意是"高的、高尚的、高级的、高度的"。但是我们通常用"high"来形容心情极好、气氛很热闹。类似的我们也经常用"down"这个词来形容心情十分低落。这些例子足以说明不同国家地区的人们通过流行语的使用传递着彼此的文化。流行语也体现着人们的素质和文化意识的程度和发展。

5. 流行语的变异性

语言和社会的关系密不可分，它们之间互相联系互相影响。语言变异是指由于各种原因在运用上的语言差异现象，是偏离常规的一种语言现象。流行语一直处于发展变化中，充分地体现了语言变异的特征。从某种程度上也可以说，流行语是语言变异的产物。流行语的变异性主要体现在语音变异、词汇变异和语法变异上。例如，"伊妹儿"的意思是电子邮件，是英文单词"E-mail"的谐音。词汇变异包括旧词新意、创造新词、缩略词语等方法，例如，"恐龙"本意是指一种古代爬行动物，而如今人们却常用于形容长得丑的女性。

流行语属于语言变异的一种类型。流行语使语言变得越来越丰富多彩、幽默生动，它的简洁清晰也使人们的沟通变得更轻松和谐。在流行语的变异性上，既有积极健康的部分，也有消极颓废的成分，但是在时间的冲刷下，积极的部分自然会随着社会发展下去，消极颓废的成分也会被时代淘汰、被人们遗忘。

6. 流行语的阶段性

流行语的"流行"过程是比较短暂的，或者说短暂性是流行语时间性的一个特点。当流行语使用一个时期后，就会消失，如果没有消失，而在这个流行层面达到一定的普遍性时，比如某些流行语已经很普遍通用的时候，人们就会逐渐失去新鲜感，使用的频率相应降低的时候，流行语就成为一个普通词语。"流行"几十年的流行语是没有的，老的流行语总要被新的流行语所替代，如北京话表示"好"的流行语由"棒"到"帅"到"盖"再到"顶级"，上海话表示"乡下人"的"阿乡"为"巴子"所替代。被替代的流行语或消失，或进入一般词汇。

（二）流行语的语言变异特点

语言变异指由于各种原因在运用上的语言差异现象，是偏离常规的一种语言现象。① 对于流行语中存在的语言变异的研究我们将从语音变异、词汇变异和语法变异三个方面出发进行具体分析研究。

1. 语音变异特点

语音变异的可变性表现为不同的形式，如单音变异、连续变异和语调变异。② 在语言交际中，人们常常用数字和字母的谐音、叠音词等方法，创造新的传递各种信息，表达一定的思想内容。通过这种方式产生的谐音词，通常简单容易记、表达含蓄且幽默诙谐。常见的包括数字谐音、字母谐音、汉字谐音及使用重叠词等。

2. 词汇变异特点

流行语中有一类特殊的词语变异现象值得我们注意，即词语原有的能指与所指的关系被打破，或者改变词语原有的能指形式，或者赋予词语原有能指以新的所指内容，使词语的感情色彩、语体色彩甚至语义内容都发生某种程度的偏离。词汇变异是违背语言常规的一种形式，是普遍存在的一种社会现象。词汇变异也是语言发展的必要条件之一。在流行语中词汇

---

① 肖建安：《英汉语言变异》，湖南人民出版社2000年版。
② 张艳君：《语言变异的语用顺应论研究》，厦门大学出版社2009年版。

的变异也有以下几种方式：旧词新义、使用缩略词、创造新词、模仿类推结构、方言词的涌现。

3. 语法变异的特点

在流行语的语言变异中，语法变异也是十分普遍的现象。越来越多的人倾向于使用中英文混用、搭配变异和语序变异等方法来展现他们标新立异的心理。也有些人会套用和模仿一些流行歌曲的歌词、经典剧目的台词或一些名言名句。

（三）流行语的语言变异的原因

汉语流行语中存在着大量的语言变异现象。流行语语言变异的诱因有多方面因素，既有语言自身的内部原因，也有语言的外部原因，社会的政治、经济、文化以及人的语用心理等是催生流行语的主要的外部诱因。随着信息技术等一系列先进科学的发展，语言和语言之间的接触和融合促使了语言的变异。

流行语通常指某一段时期或特定区域内广为传播的语言，其语义是流行语的语言形式所负载的全部信息。像其他语言形式一样，流行语的语义包括了概念意义和附加意义两个方面。所谓概念意义，就是词语的语音形式所指称对象的本质属性和共同特征的概括。附加意义是依附在概念意义之上的各种联想意义或色彩意味，通常包括评价意义、语体意义、文化意义等。一方面，流行语的概念意义反映的是词语形式与所指对象之间的关系。每个流行语的概念意义，总是某一个或某一类对象的共同特征的概括，这种关系一经形成，要求一定要具有相对稳定性。另一方面，流行语的附加流行语义，反映的是流行语使用者的一种共同心理。它强烈要求流行语的形式能适用更多的对象，一个词语一旦流行，使用者恨不得在一切场合都能用上它，以满足自己的需要。流行语概念意义对概括对象的限制和附加的流行语义要求对对象的扩展形成了矛盾。因此流行语的流行必须突破词语原有指称对象的束缚，而对指称对象的突破，就意味着语义的变异。

四　流行语与语言规范化

随着我国文化交流不断深化，汉语流行语的产生进入前所未有的旺盛期。它会给词语规范带来何种影响？我们应该在运用语言文字规范化标准，对社会流行语加以规范，推动国家通用语言文字的规范化、标准化及其健康发展的同时，也要以宽容的态度来对待新的流行语的发展。

（一）流行语对语言规范化的影响

随着时代的发展，各种流行语不断地涌入人们的生活，对语言的规范化造成强烈的冲击。这种冲击既有积极的一面，也有消极的一面。我们应该客观地对待流行语规范化的问题。

1. 流行语的积极影响

大量流行语的产生与流行丰富了人们的语言生活，反映了社会现实，影射了社会的发展轨迹。很多流行语使人们之间的交流更简便、更亲切。例如：

[16] 亲：开始是周笔畅对笔亲的称呼，后来80后和90后们用来对"亲爱的"的简称，之后广泛被淘宝卖家引用，可以理解为"亲爱的""亲爱的顾客"之类，这样称呼不会很腻，又不乏俏皮的意味，和对一些有着相同志向的团体成员，也就是有着相同喜好，相同兴趣者的称呼。而此含义与中文意思中的"亲近、亲切、亲爱、亲故亲朋故友"等意思接近，这样的称呼方式显得既亲切又不失流行。

[17] 能靠脸吃饭却偏偏要靠才华：一张贾玲昔日的清秀照片被网友翻出来后，贾玲在微博上回应道："我深情地演绎了：明明可以靠脸吃饭，偏偏要靠才华。"随后便流行开来。这句话表达了对一个人的才华和外貌的高度肯定，与成语秀外慧中表达一致，但是这句话更加幽默诙谐，更能够拉近对话双方的关系。

2. 流行语的消极影响

流行语的创造者大多文化程度较低，流行词语常常是不规范的，比如，词语的缩略和语素的结合不遵循一般规律，表现出极大的任意性。如北京话中"现眼"略为"现"，"没有商量的余地"略为"没商量"，上海话"脂粉气"略为"粉"，超出了一般的词语缩略和搭配规范。再如，某些流行语的意义和形式都还不确定，比如北京流行语"歇菜"意为

"歇着、停止做某事"，但也有人用"歇菜"表示"死"，如"刚才撞上一辆卡车，差点儿歇菜"。很多流行语在书面上也表现出不定型性，比如表示"关系好"有"瓷"和"磁"，表示"闲聊、吹牛"有"侃"和"砍"，表示"在社会上混的不安分的人"有"玩主儿"和"顽主儿"等形式。

流行语反映的社会价值观常常与国家倡导的信仰道德规范相悖甚至表现低级趣味、社会阴暗面。随着信息时代的到来，互联网的迅速发展，流行语逐渐占据了人们的语言生活。大量流行语的产生给语言的规范化造成了严重的冲击。尤其是今年，通过网络媒体产生、流行的部分流行语既消极又低俗，我们该对其进行规范和抵制。一些带有负面意义的流行语会严重影响青少年的身心发展。青少年时期正是一个人形成人生观、价值观的时期。消极的语言流行于青少年之间，会潜移默化的影响青少年的价值观。

对流行语的规范不等于纯洁语言，而是把负面影响限定在一定范围内，所以一方面需要对其进行更深入的研究，探讨网络流行语中词汇变异的规律，对网络语言的发展进行客观的指导，另一方面亟须在网民中倡导正确的语言观和规范观，提高对词语变异现象的认识，从而促进网络语言健康地发展。

（二）流行语的规范化

从社会学的视角看，语言是并不只是单纯的符号系统，更是折射社会生活的一面镜子。国家政策法规的变化、社会观念的更新，生活方式的转变等，都会在语言中留下印痕。特别是随着互联网的出现、传媒产业的迅猛发展，语言的传播形式和速度空前加快，人们获取信息的途径也日益增多，大众传媒是孕育流行语的土壤，许多流行语都借助现代传播手段迅速流行于社会各个领域，成为大众生活中不可或缺的因素。大量的流行词语的出现，使我们不可避免地面临一个新问题：如何把握并规范使用这些流行语？

1. 流行语的规范观

（1）鼓励健康流行语的发展

一些流行语具有丰富的含义，能够多层次、多角度地体现普通民众的心理感受和诉求，我们应该对这样的流行语给予肯定和认同。比如"秒杀"最早起源于网络游戏，指在玩家 PK 或者是和怪物打斗时，用一个技能或一次物理攻击就将敌人杀死。俗称秒杀。后来秒杀的含义范围被扩大，指在极短的时间内杀死敌对单位。现在，"秒杀"作为流行词语被用于网购、篮球比赛、股票，甚至编程用语。网络卖家发布一些超低价格的商品，所有买家在同一时间网上抢购被称为"秒杀"。篮球比赛中，本场的最后一投，不给别人留时间叫"秒杀"。股市里，权证里的最后几个交易日，在短时间内价格的大幅下跌、缩水也称"秒杀"。某些优秀程序员写的精妙程序，其运行时价可以被计算机忽略不计，也就是 0 秒，这种情况被 coder（编码员）描述为秒杀。流行词语形象生动；再如入选 2012 年十大流行语的"正能量"，指的是一种健康乐观、积极向上的动力和情感。社会犹如列车，需要正能量的驱动才能安全前行。而正能量的创造与积聚需要我们每个人的"微贡献"；还有位列 2013 年年度十大流行语首位的"中国梦"，党的十八届三中全会以后，习近平总书记在参观国家博物馆主办的"复兴之路"展览时，提出要实现中华民族伟大复兴的中国梦。"中国梦"以其清新的理念和亲和的风格，为广大民众所认同。这些流行语大大丰富了我们的话语空间，无形中消解了我们生活中一些过于格式化的话语形式，为生活增添了不少色彩。

（2）抵制和限制粗俗、消极的流行语

流行语的影响也并不总是积极的、正面的，个别流行语失之粗俗甚至下流，有些过于怪诞的流行语的使用给交流带来了障碍。所以在对积极向上的流行语进行肯定和鼓励的同时，我们还要注意对一部分粗俗的流行语的抵制。例如"TMD""尼玛""坑爹""二 B 青年"等词语都给人以粗俗、不文明的印象。再如"有钱人终成眷属""水能载舟，亦能煮粥""黑夜给了我黑色的眼睛，可我却用它来翻白眼"这些对名句的别用现象，对个体在人生观、价值观、道德观和伦理观的选择上会产生负面的消极的影响，也在一定程度上颠覆了中华民族的传统文化。对待这类流行语我们应该自觉抵制并限制它们的传播。我们应该抵制的还有消极流行语，所谓消极流行语，就是指那些具有消极、嘲讽甚至不雅色彩的网络流行语。例如"屌丝""什么世道""羡慕嫉妒恨""蛋疼""苦逼""高富帅、白富美""郁闷""拼爹""富二代""官二代"等，近几年很多消极的流行语开在弥漫于我们的生活中，一些人甚至将其中的很多流行语当成口头禅。这些流行语都折射出了一种负面的心理，我们应该自觉地抵制这样的流行语。

（3）适度宽容、与时俱进

语言的发展也是与时俱进的，对于流行语，我们需要适度宽容的审视态度。如今各种各样的流行语已经充斥在我们生活的各个角落，甚至是在潜移默化地改变着我们的生活。流行语大多具有很强的时代性，通过流行语能够表现出一个时代的社会环境、群众心理等。流行语的这种时代性和简洁性决定了流行语的发展空间很大。对于一些极具创新性的流行语，我们也应该给予适度的宽容。例如"非常 + 名"结构的流行，如"非常男女"、访谈节目"非常静距离"，它们的出现及流行，证明其本身是有一定生命力的。虽然目前可能不合规范，但不能排除其中一部分话语形式因其顽强的生命力而被纳入规范的可能性。历史语言学的研究表明，语言从来就不是一成不变的，而总是在使用中发生变化。

2. 流行语规范化要遵守的原则

流行语通常是语言中最敏感活跃的一部分，以它的灵敏独到反映社会生活中的最新信息。只要社会发展一直存在，流行语就会有它的生存发展空间。随着我国文化交流不断深化，新词语的产生进入前所未有的旺盛期，需要我们对其进行规范。

（1）符合语言规范、不能生造

流行语必须选用那些为广大群众所接受、在社会上较为通行的新词新语。一方面，流行语要考虑到大众的接受能力，在小众范围内使用而不被大众接受的词语不能纳入流行语范围内；另一方面，符合语言逻辑和大众语言习惯的新词语应该和一些不合语言逻辑的随机词和生造词有所区分，保持语言的质量。

（2）语义清晰、无歧义

有的流行词为了一味地彰显个性，求新求异，忽略语言的固有作用，造成语义混乱，表意不明，容易引起歧义，给人理解带来不便。

（3）注意语言文明

语言是社会文明的一种表现，在运用新词新语时要考虑到社会的和谐与进步，尽量把新与雅结合起来。尤其在电视广播、报纸语言传播中，尽量少用或者不用低俗的流行词语，低俗词语很容易给人造成一种不够严肃、文化随心所欲的印象。

五　流行语的发展趋势

（一）网络热词热语将继续不断扩大流行语的队伍

网络的普遍运用成为流行语衍生推广流传的重要媒介和工具，随着互联网的迅速发展，流行语的传播流行速度也更加的迅速，也很便捷，毫不夸张地说，仅仅是通过键盘、鼠标的简单操作，流行语就在帖子间飞转，有些甚至还直接进入媒体用语，在各大报纸上亮相。如 2010 年的网络流行热词"给力"以及引发出来的"不给力"出现在很多报刊上，甚至还被很多报纸直接作为标题使用。例如江苏"给力"文化强省（《人民日报》2010 年 11 月 10 日）；中石油"给力"五大措施力保甘肃油品供应（《西部商报》2010 年 11 月 12 日）；新能源公交"不给力"故障频发引乘客不满（《生活新报》2010 年 11 月 12 日）；"给力"的经济和"不给力"的股市（《金华日报》2011 年 1 月 6 日）；A 股"不给力"新股创业板成基金避风港（《商报》2010 年 11 月 18 日）；国产矿"给力"铁矿石谈判（《国际金融报》2010 年 11 月 18 日）等。

（二）流行语生命周期普遍较短，更新换代快

流行语具有一定的时间性，流行语主要是指在一定时间内流行起来的语言，而语言是变化的符号。世界上根本不存在一成不变的事物，国家每年都会发布当年的流行语，每一年的流行语的内容形式等都不尽相同，每一年的流行语都有着特殊的年度特征。现代社会日新月异，发展更是瞬息万变，反映当前新事物新生活的流行语，必然不是一成不变的。每个流行语都有"产生—流行—不流行"的过程。随着时间的推移，很有可能变为我们生活司空见惯的一部分，被词汇系统吸收，成为普通词语，不再流行，也有可能很快就会淡出人们的视线，直至被人们遗忘。如"三大件""喇叭裤""健美裤""录像厅""寻呼机"等现在已经进入历史词汇，很少见到了。因此，我们可以预测，随着社会生活节奏的加快，流行语的"流行"周期将变短，更新换代将变快。

（三）流行语的来源将更加丰富多样

随着全国各地区以及世界各国之间政治、经济、文化教育的交流日益频繁，语言也随着不断地接触和融合，方言词和外来词语对流行语的影响是不容忽视的，流行语对方言词和外来词语的吸收也会越来越多。像现在的流行热词"心水"就来自于粤语，表示"喜欢、看中的东西"。除此之外，一些专业领域的专业术语也突破阻碍，渗透到了流行语的队伍之中，也成为了我们日常生活中常见的语言。如"TD（第三代移动通信标准）""CMMB（中国移动多媒体广播）""GDP（Gross Domestic Product）国内生产总值"等。

（四）流行语将会更加简单化、个性化

随着信息化进程的加快、流行语队伍的扩大，具有简约性质和极具个性的流行语会更加受欢迎。在信息化的社会中，人们更加注重效率，人们更愿意选择简单明了又能够表达深刻含义的词语，使人们一目了然，缩略语、字母词、表情符号的流行都印证了这个道理。例如2013年年度流行语"光盘"，就是吃光盘中饭菜的意思。2013年1月，北京一家民间公益组织发起"光盘行动"，倡议市民就餐后打包，"光盘"离开。"光盘行动"迅速席卷全国，"今天你光盘了吗"成为流行语。光盘正是具有了简洁和个性化的特点，被人们广为流传，所以具有创新性和个性化的词语在未来也有很大的发展空间。

（五）套用一些固定结构的流行语越来越多

流行语固定系列结构的套用也将是以后流行语发展的方向。这样的形式具有极强的能产性，从而不断地丰富和发展了流行语。我们相信会有越来越多的"流行语系列"的出现，像现在十分流行的"被××""很××很××""××族""××帝""××控""××哥/姐"系列等。我们在各种娱乐媒体报道中常常会听到"××被离婚、××被怀孕"这样的语句，还有"被光荣""被雷锋""被增长""被就业""被幸福""被先进""被小康"等；现在也十分流行"表情帝""体操帝""销售帝""微博控""美女控""手机控""上班族""月光族""蚁族""犀利哥""烧饼哥""奶茶妹"等这些流行语系列。

第九章　流行语的个案分析

　　流行语的出现可以看作一种新的语言现象，而这种语言现象更为真切地反映了当代人们的社会生活、生活状态以及人们头脑中的对于整个社会的普遍反映和思想。案例分析的目的之一在于进一步探讨多种媒体融合语境下，汉语流行语的特点、语用效果与语言规范、变异具有普遍性。在研究方法上，尽可能地把定量分析和定性分析结合在一起。从传统媒体、网络媒体、新媒体下选取部分具有代表性的流行语作出细致分析，努力做到以小见大。

一　网络媒体下"任性"的成因及特点探析

　　网络的快速发展使其在人们日常生活中所起到的作用也越来越大，网络语言也开始走出网络，并且呈现出逐渐扩大的趋势进入到人们的生活之中，这些网络流行语对于人们的交流虽然存在一些局限性，但其使用的便捷性对于以后人们的沟通仍具有不可小觑的作用。由于语言使用处在经常变化发展中，语言使用环境的变化，使得语言的含义就在变化。这同语言自身的创造性有关，最明显的是新词、新义的产生。从语言交际的角度看，每个人每天都在创造许多新的句子，人们也会根据交际场合的需要，创造一些新词、新义，其构成只要意义合理、句法规范，也都能为人接受而流行开来。这是一个"任性"的时代，也是让我们吐槽"任性"的时代。

（一）"任性"的来源分析及使用情况调查

1. "任性"的来源

2015 年"两会"期间，网络流行语"任性"又一次点燃舆论。先是2015 年 3 月 5 日，在上午 9 点举行的全国人大三次会议中，李克强在政府工作报告中提出"有权不可任性",堪称政府工作报告的点睛之笔,再是习近平总书记参加上海代表团审议时也谈到"任性"。这一流行语的广泛引用被很多媒体报道,作为标题,备受关注。"任性"本是一网络流行语,说到其来源,确实透着"任性"。

关于江西老刘网购被骗的新闻,这一新闻报道的转发量达上百万,老刘在2014年4月份,在网上购买保健品,4个月内被骗了54万余元,这不仅包括老刘的全部积蓄,还找朋友借了15万元。事实上,老刘在被骗7万元时就已发现被骗,但却没有停止网购和选择报警,理由是"想看看骗子究竟能骗走多少"。老刘在接受记者采访时的回答是,"才这么点钱,公安应该不会管的"。最终,警方成功地抓获了诈骗嫌疑人。于是,在新闻跟帖中,有网友叹曰:"有钱就是任性。"

在相当长的一段事件内,"有钱就是任性"已成为当下最红的流行词语,并在由商务印书馆、央视新闻等举办的"2014汉语盘点活动"中,"有钱就是任性"位居年度十大网络用语第二位,其流行速度之快、使用范围之广令人不容小觑。"××就是任性"不仅在贴吧、微博和网络聊天中随处可见,在报纸、电视新闻等传统媒体和新媒体中也频频出现,为大众所熟知。

"任性"一词早已有之,《两岸现代汉语常用词典》中标注为"形容词",释义为"行事全凭自己的好恶、愿望,不加必要的约束",示例为"不能让独生子女太任性"。随着"有钱就是任性"的流行,"任性"一词一跃成为网络热词。网民们用"有钱就是任性"来表达对有钱人的一种调侃。例如:

　　[1] 成绩好就是任性。
　　[2] 喝酸奶只舔瓶盖,酸奶直接扔掉,我就是这么任性。
　　[3] 去星巴克喝咖啡,只买不喝,还不拍照。所以,有钱,任性。

"××就是任性"虽是戏谑之言,却能非常恰当地用来评价当今社会一些有钱人令人大跌眼镜之事。"有钱就是任性"隐性地反映了大众的"屌丝心态",人们对于"有钱人"的行为表示可笑,言语之间表明了对行为者的无奈。

2. "任性"使用频率调查分析

我们对 2014 年各月份微博中"任性"的使用频率做出调查分析，其调查结果如下：

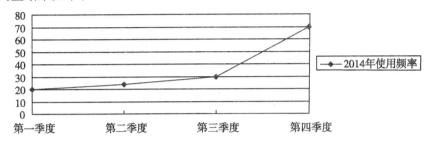

图1 2014 年各季度"任性"的使用频率（％）

根据上表，我们可以看出 2014 年各月份的"任性"使用频率在第四季度出现了增长的趋势，在前三个季度之中，网络语言中关于"任性"的使用频率波动不大，在使用频率达到顶峰之后，其使用频率就发生了变化并有所下降。

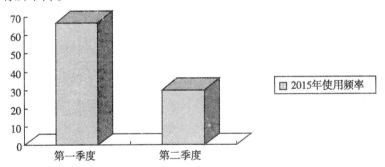

图2 2015 年上半年"任性"使用频率（％）

在对 2015 年上半年的"任性"的使用频率作出调查时，我们可以发现，在 2015 年的第一季度，也就是全国人大三次会议期间，"任性"的使用频率有所上升，但在经过一段使用时间之后，使用的频率仍然有所下降。

（二）"任性"流行理据分析

厘清流行语的流行理据是考察语言符号的社会性的一个关键问题。流行语的产生受到语言自身发展规律的制约，同时也折射出特定社会的发展轨迹。流行语反映着人们的审美体验和心理特征，体现了人们的语言创新能力。流行语得以"流行",大多因为它们的文化价值和文化含量比词汇中的其他成分要丰富得多。[①] 人是一个能动的主体,这种能动性表现在语言的使用中便是语言在使用中经常被创新。流行语之所以能够产生,就是人创造性使用语言的结果。"任性"之所以会流行开来,其流行理据主要包括词汇本身的多义性、语言使用者语用心理因素、社会因素以及媒介因素等多方面的影响。

1. "任性"语义多义性

"任性"随着社会发展所表现出来的多义性、旧词新义都是其流行开来的原因之一。在《现代汉语词典》(第 6 版)中,"任性"一词早已有之,其词性为形容词,释义为"放任自己的性子,不加约束"。

"任性"的这种多义性主要表现在其随着社会的发展和语义上的泛化,人们赋予了这一旧的语言形式以新的含义,流行语中很大的一部分是这样构成的。从其语用效果的角度来看,"任性"的语义泛化过程如下图所示:

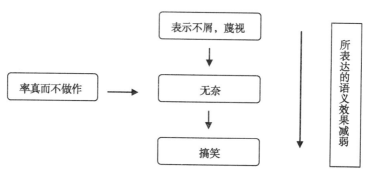

图 3 "任性"的语义泛化过程

从"任性体"的来源来说,"任性体"源于"有钱就是任性"的风靡。用"任性"来评价有钱人任意妄为、挥金如土的行事作风再恰切不过了,语句中透露出了普通人对这种行为的不满。这句话虽然含有批评的意味,但并不是针锋相对的讽刺,而是相对温和一些,让人可接受的程度更高,这也符合交际中的"礼貌原则"。

从"任性体"的格式来说,"××就是任性"结构精短,简单易上

---

① 夏中华:《关于流行语流行的基本理据——基于近三十年汉语流行语的考察与分析》,《语言文字应用》2010 年第 5 期。

口，不仅幽默有趣，而且根据固定的模式其可套用性强，具有一定的流行潜质，符合网络语言的特点。同时，经过人们大量的模仿和套用，能进入这一语模的词语范围越来越广，这也都促进了"任性体"的强势传播。

无论是我们以前所说的"任性"，还是"任性体"中的"任性"，"任性"的主体多是人，随着"任性"的广为流行，更多人、更多物和更多事都开始"任性"了，"任性"在各种结构中都可以通用。"任性"的描述对象与使用范围越来越广，大有无所不及之势。这主要是"任性"在人们的隐喻性思维方式下发生了语义泛化。"任性体"的流行及"任性"的走红，使我们见证了社会大环境对语言的强大作用力，"任性"这一旧词在社会语境中被赋予了无限"新意"。从理论上说，流行过快的词语也极易因人们的高频使用而新鲜感逐渐丢失，继而淡出人们的使用范围。因此，"任性体"的发展趋势到底如何，还要经受时间的考验。

2. 语言使用者语用心理因素

流行语的形成和传播，也与语用群体的原创意识和能力有关。如果没有这一点，就会失去创新的原动力。流行语的创造和使用主体青年一代，比中老年人更具有创造想象的广度与奇异度。因为过了这一阶段，随着经历经验的不断增加，一般地说语用意识则逐步朝守旧和规范的方向回归，这是已经被许多语言事实证明了的规律。"任性体"的广泛流行受语言使用者的求新求异和从众的语用心理影响。

（1）求新求异心理

当今社会生活节奏加快，人们注重精神文化生活，大众追求个性独立，具有创新意识，同时也面临着较大的学习压力和就业压力，这些心理压力都在流行语中得以体现。"任性"反映出人们积极向上的情绪，也反映出当代人们在面对压力时无奈、抱怨等带有"负能量"的情绪。这不仅反映出了大众的心理健康状况，也是对大众创新意识的体现。

从语言使用者的心理动因来看，当今社会的年轻人张扬个性，追求时尚，喜欢标新立异，喜欢与众不同。"任性体"中的组配材料虽然都是旧的，但组配方式是新的，而且从语用色彩看，带有一定的幽默与调侃意味，满足了他们使用语言的使用动机。

人的心理需求也是流行语形成和传播的重要因素之一。人都有求新求异的心理，新的语言现象往往更容易受到人们的关注，容易引起人们的好奇心。一方面，流行语可能反映的是社会的新现象；另一方面，从流行语本身来看，往往有些就是新奇的，或者构成形式是新的，或者语义是新的，或者构成形式和语义都是新的。这迎合了人们求新求异的心理，更容易被传播和使用，这是流行语出现的一个内部原因。追新求异是人的一种心态，也是人们使用语言的一种心态，某种语言形式用久了，人们就想换用一种新的语言形式。语言使用者求新求异的心态是语言发展的积极动力，它使语言保持着鲜活的生命力。现代社会，生活内容丰富多彩，新事物层出不穷，新形式、新用法不断出现，在求新求异心理驱使下，人们更乐于接受新的语言形式、新的词语用法。

（2）从众心理

按照社会心理学的观点，人们在进行各种活动时，都会产生一种从众心理。"任性体"一方面成为了大众的调侃语，另一方面因其本身的新奇特点，受到人们优先关注，因而得以流行。追逐流行是满足人们心理需求的一种方式，而"任性"的广泛使用则是一种满足人们某种需求的工具。

此外，语言使用者的从众心理也起到了一定的作用，虽然喜欢创新，但在某一流行语的流行过程中，从众心理会促使他们自觉地加入流行语的传播行列，竞相去使用、去再创造，这也是"任性体"得以流行的重要原因之一。

3. 社会因素

在文化全球化的国内外环境下，我国语言生活正发生急速的变化，人们学习多种语言的意识也凸显出来。从社会大环境来说，网络世界的开放自由给网民们在语言的使用上以更大的创造空间，网民们可以充分地发挥其丰富的想象力和创造力，产生了大量的流行词语，而微博、论坛等各种新兴媒介的推波助澜更是加速了"任性体"的流行，"任性体"以其在人们日常生活中广泛的认知度，出现和使用的频率越来越高，与此同时，社会上的媒介因素也"任性体"的流行提供了广阔的发展前景。

"任性体"的形成和发展离不开人们生活的社会文化环境，我们正处在国际交流频繁的时代，媒介语言的接触会导致语言发生变化，"任性体"作为具有代表性的流行语之一，其出现有一定的社会发展需要。因此，"任性体"以迅猛的势头持续快速发展。

值得关注的是，随着"任性体"的走红，"任性"渐渐从"××就是（这么）任性"中脱离出来，使用频率激增，不仅出现在网络传媒中，还出现在纸媒中，甚至在各大权威报刊中也频频亮相。这里的"任性"与我们以往所说的"任性"，无论在用法还是语用色彩上都略有不同。以下是我们从 2014 年 12 月的报刊中选取的例子：

　　[4] 青年应该怎样任性（《人民日报》2014 年 12 月 31 日）
　　[5] 想任性，周末去嘉德四季（《中国证券报》2014 年 12 月 20 日）

4. 媒介因素

网络媒体的力量是强大的，大部分流行词语的产生都是在网络的助推力下广泛流行起来的。网络和媒体力量的传播，让"任性"这类句子的活跃程度加大，被更多的人知晓。当这类句子越传越广后，广泛运用，就形成流行。

流行语是一种普遍存在的社会语言现象，随着网络文化的发展、网络流行语的出现丰富了人们的生活在社会变迁层面探讨互联网带来的全新时代，以互联网技术为核心的时代变迁再造了一个全新的社会——"虚拟社会"。这一全新社会呼唤着重新审视网络时代的新型社会结构，更加积极地探讨互联网在中国语境下的独特含义。新闻媒介在中国不只是一种技术平台，同时也具有改变了以往社会关系的平台意义，因而，流行语也凭借媒介因素这一平台，在网民中风靡，以至于影响到人们整个社会生活的词语使用情况。

（三）"任性"的语用特点分析

通过对"任性"这一流行语所进行的调查，我们可以发现"任性"具有丰富和语用效果，其主要表现为创新时尚性、高度的社会性和现实警示性。

1. 创新时尚性

人们日常生活的交流中使用流行语已经成为一种常见的现象。受使用人群的影响，使用流行语的使用主体普遍存在于喜欢标新立异的青少年群体之中，他们对于新词新语的接受力强。通过网络等多媒体平台，受众可以很轻松地获取流行语并使用，尤其是具有一定社会影响力的人使用后，其流行程度就会增大，并在一段时间广为流行，让"任性"这一流行语富有明显的时代特征。

从"任性"的语义角度上理解，"任性"在汉语词汇中作为旧词，其表达的语义范围扩大，网民在使用之后体现了一定的创新时尚性，给人一种紧跟时代发展的步伐。

2. 高度的社会性

人们是现实生活的参与者，也是社会发展的见证者；是流行语的创造者和使用者。许多流行语都是人们生活片段的剪影与连缀，反映出当代中国近年来变动不居的社会万象以及普通民众的本真心态。由于所承载的内容是人们的切身体验，因而网络流行语真切而深刻地反映出普通民众的现实生存状态和社会心态、态度，真实地记录了社会生活对于普通民众思想、情绪等的重要影响。网民普遍关注的社会事件一经口耳相传和网络传播，极易引来众多民众的"围观"以及再次传播和扩散，极易造成一种"蝴蝶效应"。随着流行语在网络、电视、报纸等媒体广泛使用，流行语的社会性也随之增强，渐渐融入人们的社会生活。

"任性"作为这类词的代表，在人们的生活和日常交流中被广泛地运用有其存在的理据，之所以会流行也是因为"任性"的背后代表着一定的社会事件和社会影响，因而，"任性"这类的流行语不仅是昙花一现，其深刻的社会性也是值得人们思考和反省的。

3. 现实警示性

一个热门公共事件发生，除了会引起网络上的关注外，必然会引起广大传统媒体的强烈关注。"任性"的广为流传，主要起源于一定的社会事件，习近平总书记和李克强总理具有在《政府工作报告》中提到并使用，再一次地加速了"任性"在网络和日常生活的流行力度。而且如果在相关联的社会公共事件真相还未揭开或者疑点尚未查实之前，不少之前没有关注或关注较少的媒体则会加入到追踪报道相关社会公共事件发展动向的队伍中来，基于传统媒体与以网络为代表的新兴媒体联起手形成了一股非常强大的舆论力量，在推动着事件发展进程的同时，也使网络流行语的现实警示性的特点得到了广大的发挥空间。

其中传统媒体能够而且擅长从社会、心理和文化等诸多层面对网络流行语这一现象进行理性的分析，"任性"在不同的语境中所表达的含义不同。

一类表示谴责与嘲讽，但这种嘲讽并不是传统意义上所表示的对他人的蔑视，这种"谴责与嘲讽"是人们大众可接受的。表示谴责和嘲讽的网络流行语主要伴随着于负面新闻事件发生而产生，人们对于负面新闻反映一般较为强烈，在关注事件的同时会发表一些评论，而一些能更为准确、形象、生动地评判或总结事件的词语往往在人们的热烈讨论中，脱颖而出，形成具有现实警示性特点的网络流行语，进而产生更为广泛的影响。

还有一类表示困惑及无奈，产生于人们在面对某一事件或现象，表现出无能为力或无所适从的时候，这时"任性"的出现很能鲜明生动地表现出人们复杂的心理状态，而且言简意赅。当然，这是就其主要义项而言，在上文中我们提到，"任性"在不同的语境中所表达的含义不同，因为"任性"往往内含多种义项在不同的语言环境中呈现出不同的语言风格。

流行语见证着社会发展。通过主流媒体公布的流行语，大多带有政治色彩，反映了国家的政治、经济、文化生活发展的需要。正像 2007 年 7 月 28 日《北京晨报》中有一句话，流行语像海绵中的岛屿一样，浮出语言的海平面，让人们看到了它们的高度，也看到了它们的形态。我们对于许多流行语背后的故事大多生疏，跟着媒体的评论人云亦云，不过随着流行语的传播，人们对于流行语所蕴含的社会大事的思考也在逐步深化，这些思考推动着许多百姓大事逐步走向完善。社会管理者、大众媒介、社会问题研究者完全可以通过掀开网络流行语这扇语词窗户来了解民风民情，体察民意。可见，网络流行语并非无中生有，它根植于民众意愿的深层土壤中，蕴含着各种复杂的社会心态，凸显出时代的忧患意识和批判意识，具有鞭挞丑恶、针砭时弊的作用。我们可以把网络流行语归于俗文化之列，只是与以往的俗文化不尽相同，它属于高科技时代和信息化社会的一种俗文化形态。俗文化来自民间，为大众所创造和传播，大多没有固定作者。它与庙堂文化、精英文化的最显著区别，在语体上体现出不同的风格，语言的使用在形式上更是独特新颖，具有突出的调侃性、反讽性和仿拟性。

网络流行语属于新潮俗文化，具有自身的时髦性和浓烈的"黑色幽默"色彩。它不满足于旧有语汇的表达，常通过"断章取义"来截取、生发新义，真正的含义往往隐藏在表面字义背后——这样一来，无形中就放大了俗文化中原本存在的低俗、不雅成分。高频网络流行语作为一种新兴的大众文化传播形态和话语方式，网络流行语难免泥沙俱下、鱼龙混杂。对网络流行语，既不能一概否定，加以封杀，也不能姑息迁就，推波助澜。

"任性"的出现及高频使用的现象，不单单是一个个体，除了赋予的传统字面含义外，在不同的语境上又增加了许多附加义，这使得其应用的语境和语用范围更为广泛。"任性"这一流行语具有创新时尚性、高度的社会性和现实警示性的语用效果。因其流传广泛，蕴含公众心态，携带民意诉求，因此需要科学、理性地加以关注、剖析。

二　"蛮拼的"语义及语用效果分析

当下，"蛮拼的"成为人们热议的网络流行词语之一，无论是在各大网络传媒中还是新闻报刊中，它都频频出现在人们的日常生活之中。"蛮拼的"本是一句当下流行的网络用语，经 2015 年元旦习近平总书记在新年贺词中使用，意义和内涵得到升华，值得深入体味。

（一）"蛮拼的"的来源及语义分析

1. "蛮拼的"来源分析

"蛮拼的"在 2014 年 7 月之前并没有流行于网络，因其具有浓重的方言色彩和口语化倾向。经实际调查，我们可以发现大部分的流行语都出自于网络帖子，"蛮拼的"也没有出现意外，该网络流行语出自爱奇艺的热播剧《白衣校花与大长腿》的热帖，然后在湖南卫视热播的一档明星真人秀《爸爸去哪儿 2》中曹格多次使用"××也是蛮拼的"，于是在网络上被广大网友所熟知，全国掀起了一股"蛮拼的"热潮。

2015 年元旦前夜，国家主席习近平通过中国国际广播电台、中央人民广播电台、中央电视台，发表 2015 年新年贺词。人民网、新华网、光明网、央视网等中央重点网站第一时间转发了贺词全文，人民网评"习大大，其实您也蛮拼的"，中国青年网特别报道"点赞人民　蛮拼梦想：习大大萌动中国"被网民广泛转发。新年贺词在微博等媒体平台上大量转载，以"蛮拼的"为代表的网络流行语呈现出使用度激增的趋势。

网民高度赞扬习近平主席的新年贺词，国家主席在新年贺词中使用网络流行语，让广大网民感到亲切、朴实。"我们的各级干部也是蛮拼的"成为被广大网民所热议的对象，原本通俗明了、简单幽默的网络流行语运用到了国家领导人的新年贺词之中，这让广大网民感觉到了亲切，拉近了与国家政治的距离。许多网友表示新年贺词一改往年的固定模式，给人一种直白的感觉并富有时代感。在一段时间内，"蛮拼的"成为全民交流的高频词语，其应用的语境也仿佛成为万能的。"蛮拼的"自去年被大众关注，呈现出越来越流行的态势，已成功入围 2014 年度中国媒体十大网络用语，而仅 2015 年 1 月份，其使用量就达到 729000 条，流行势头可见一斑。①

2. "蛮拼的"语义分析

根据语言的类推机制，语言在发展过程中会发生各种变异，这种变异恰恰丰富了语言表达，推动了语言的发展和丰富了语言的使用范围。类推就是按照一定的模式推导出与之具有相似性的模式。类推是影响语言变异的重要方式，也是导致语言发展的重要推动力。语言类推机制几乎涉及了语言的各个层面。② 索绪尔（Ferdinand de saussure）认为"类比形式就是以一个或几个其他形式为模型，按照一定规则构成的形式。"③ 大部分的流行语都是属于旧词赋予其新义，这也就是使汉语词汇系统中的一些原有词汇的使用方法扩大，引发其语义上的变异。"蛮拼的"在被复制和模仿中，不但丰富了语言表达形式，其意义也发生了一定的演变。

（1）本义

1）"蛮"

表1　　　　　　　　　　　　　"蛮"的语义分析表

词性	语义
形容词	①粗野；专横，不讲道理； ②鲁莽，强悍
名词	我国古代称南方各少数民族
程度副词	〈口〉很。

根据上表，我们可以发现不同词性下的"蛮"所表达的含义不同。

---

①　李文婧：《小议蛮拼的》，《语文建设》2015 年第 4 期。

②　曹起：《新时期汉语语言变异研究》，中国社会科学出版社 2012 年版。

③　[瑞士]索绪尔：《普通语言学教程》，商务印书馆 1982 年版。

2）"拼"

表2 "拼"的语义分析表

词性	语义
动词	①组合在一起
	②竭尽全力去干；不顾一切去做
	③舍弃，不顾一切

"拼"就其个体而言，词性是动词，表达以上三种含义。"蛮拼的"中的"拼"是"竭尽全力去干；不顾一切去做"的意思。

"蛮拼的"，从字面上理解其含义很简单，就是"很努力，竭尽全力地去做某件事"，或动作行为的施事者对于某一件事的态度，努力且上进。例如：

　　[1] 我们的各级干部也是蛮拼的。
　　[2] 2014 年反腐，也是蛮拼的。
　　[3] 明星为上头条也是蛮拼的。

以上的两个例子中，例[1]出自国家主席习近平在 2015 年元旦的新年贺词，这其中的"蛮拼的"指的就是我们的各级干部在工作中认真负责，努力上进。例[2]中，就在电视媒体播出习近平 2015 年新年贺词的同时，中央纪委监察部网站发布了 2014 年最后一条案件查处信息：经河南省委批准，河南省开封市委书记祁金立涉嫌严重违纪，目前正接受组织调查。这个例子中的"蛮拼的"说明我国各级干部在反腐工作中也是十分努力。例[3]中"蛮拼的"表明了大众对于明星为上头条所做的行为表示的无奈的情绪。

（2）引申义

"蛮拼的"随着语言发展机制而不断发生变化，在不同的语言环境中，"蛮拼的"在表达的感情色彩方面发生了变化。最初人们只是利用"蛮拼的"作一个平白的回答，随着引申义的广泛衍生，"蛮拼的"逐渐涉及社会的方方面面，虽然语言形式单一，但所表达的意义广泛，表现出明显的语义泛化的特征。

　　所谓语义泛化,是指词语在保持越来越少原有语义特征的情况下,不断产生新的使用方式以将越来越多的对象纳入自己的指称范围。一般词语的语义演变也有语义泛化现象,但只有流行语的语义泛化表现得特别充分和具体,其语义泛化的速度和语言系统中的其他词汇相比更加迅速。"蛮拼的"在模因论的影响和作用下在网络各大媒体中被传播和使用,从其表达的语言效果上来看,可以表达人们无奈、羡慕、调侃或嘲讽的态度。经调查统计,我们可以发现"蛮拼的"倾尽着现代大众各种各样的情绪宣泄,促使网络流行语"蛮拼的"派生出一个新的意义群,语义状态活跃不拘,可以广泛地应用到各种语境之中。

　　(3)"蛮拼的"和"拼爹"

　　在同样的网络流行语的环境中,"蛮拼的"中的"拼"和"拼爹"中的"拼"所表达的含义就不尽相同,词性也发生了变化,其变化过程如图1所示:

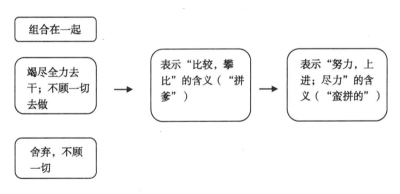

图1　"蛮拼的"中的"拼"语义泛化过程

　　"也是蛮拼的"的中"蛮"和"拼"都在流行语出现之后,其词义发生了一定的变化,这种语义上的变化是义项的所指增加,这使得"蛮拼的"所适用的语言环境更多,在不同的语境中所表达的语用效果不同。

(二)"蛮拼的"流行原因

　　"蛮拼的"之所以会走红,我们认为主要受港台方言、语言模因规律和语言使用者的使用心理和媒介因素等方面的原因。

　　1. 受港台方言的影响

　　随着两岸在政治和经济上的交往越来越频繁,港台方言对汉语普通话的强势渗透力和影响力也越来越大。"蛮"在港台方言中是口语词，当作程度副词"很"讲，这种用法相当普遍。改革开放以来，我们有深刻体会："汉语的言语群体有一种倾向于港台用语的心理惯性，认为港台语言与港台文化一样代表了一种先锋性、新奇性和时髦感。"[①] 特别是青少年群体，他们更不愿意受正统语言模式约束，无论是在网络平台上还是现实的日常生活中，相对于其他地区的方言而言，他们更倾向于模仿或借用港台方言求新求异的特点，进而彰显个性。因此，"蛮拼的"这一带有浓郁"港台腔"的用语一经出现，就成为青少年群体的模仿对象。原本在大陆普通话中可以用"很努力"来代替其相关的语言表达方式，也都被改成了"蛮拼的"用来达到陌生化效果，吸引人们注意力，展现了时代性特征。

2. 受语言模因规律和语言经济性原则的影响

受语言模因规律支配而得以广泛传播。"模因"就是最先产生的句型模式，之后在一段时间内，被大家广泛模仿。"蛮拼的"是大众模仿公众人物言语而形成的流行语，属于语言模因现象，受语言模因规律支配。陈琳霞、何自然认为，一种模因要被人们普遍模仿，必须具有实用性、合理性、时尚性、权威性或其中任何一种。[②] "蛮拼的"在不同的语言环境中可以表现出说话者不同的感情色彩，或赞扬，或无奈，或嘲讽。

此外，"蛮拼的"作为在现实社会中广泛流行并对现实生活产生一定影响的语言形式，体现了一定的社会时代特征，尤其是经济特征。它的产生和动态发展、构词特点等方面特征体现了语言经济性原则。其一，"蛮拼的"的流行与经济的发展密不可分。经济基础决定上层建筑。作为上层建筑的意识形态，其性质和发达程度最终是由经济基础决定的。青少年是流行语的最大传播者。只有在物质方面得到满足后，青年才渴望追求自由、新颖、独特的个性，社会人之间日益频繁的接触使这种追求刺激、新鲜的心理得到释放，于是他们便纷纷追求个性，于是便成了一种流行。所以，社会性的语言都离不开经济活动。无论是社会性活动还是经济性活动，这两种活动的起源一致，即都是为了满足人们交际的需要。其二，

---

① 姚颖：《浅析港台用语对现代汉语词汇的渗透》，《北京邮电大学学报》（社会科学版）2005 年第 4 期。

② 陈琳霞、何自然：《语言模因现象探析》，《外语教学与研究》2006 年第 2 期。

"蛮拼的"的构词特点体现了词汇的经济性原则。流行语记录着一定社会文化的特征。当今时代瞬息万变，信息传递争分夺秒，故网络流行语大多短小精悍，读起来朗朗上口，它用最简洁的、最直观的语码承载着最丰富的信息。其主要语言形式为词、短语、短句，这正是语言的经济性体现。"蛮拼的"在语言形式上没有发生变化，但其丰富的语义呈现出自由、轻松、幽默、简捷、夸张的风格，深受广大网民喜爱。

3. 语言使用者语用心理

"蛮拼的"的流行和广泛使用迎合了当下社会转型期人们力求上进、积极进取的心理。网络流行语就像一面镜子，能够折射出社会民众的心态和诉求。细数近些年来的网络流行用语，我们可以惊奇地发现，能够带给我们"正能量"的用语越来越多，如"点赞""学霸"等。先前的流行语或是网友对一些社会现象的不满吐槽，或是为张扬个性而求新求异，但如今，随着人们生活水平的不断提升和一系列政治改革取得的显著成效，整个社会风气和民众心理有了微妙变化。"正能量"类网络流行语的出现便是这种变化的体现。"蛮拼的"自身带有的"正能量"正好迎合了当下这种社会大众心理。

"蛮拼的"的广泛流行和使用频率的增加，这与青年人喜欢猎奇猎新、将语言作为一种时尚和消遣方式有关，同时也可能与当代青年人心理压力大、常有忧虑苦闷情绪等方面的原因有关。当今社会生活节奏加快，人们注重精神文化生活，大学生追求个性独立，具有创新意识，同时也面临着较大的学习压力和就业压力，这些心理压力都在流行语中得以体现。有的流行语反映出大学生积极向上的情绪，有的流行语反映出当代大学生在面对压力时无奈、抱怨等带有"负能量"的情绪。这些流行语的出现不仅反映出当代大学生的心理健康状况，也是对大学生创新意识的体现。当人们在社会生活中产生感悟时，一旦能拥有表达人们社会心理的语言，便可能迅速成为流行语。

在上文中我们也已经提到，大部分流行语之所以流行起来，多数是首发在网络之中，并借助网络这个平台而得到大力度传播，所以说，媒介因素也是"蛮拼的"能够得以流行的重要原因之一。

（三）"蛮拼的"语用效果与思考

通过实际的调查发现，"蛮拼的"成为广泛流行的网络流行语体现了一定的社会文化特征，在不同语境中的"蛮拼的"会表现出不同的语用效果。

1. 整体流行性与局部稳定性

无论以何种形式存在的流行语都具有流行性的特点，"蛮拼的"也不例外。"蛮拼的"在网络平台得以广泛的流行和传播，离不开这一流行语的广大受众。网络的快速发展，让我们每个人都生活在网络之中，同学大众之间的沟通和交流也是最频繁的。语言是人们交际的工具，一个流行语的出现很可能是由于一个人的使用，而使得一个群体中的人们都使用这个流行语。校园流行语中的一部分词语只是短暂性的存在，它可能在使用群体中流行几天，也可能流行几个星期，流行语所代表的流行事件过去之后，流行语就不复存在。只有少部分具有强大生命力的流行语仍然被人们所使用，有的流行语甚至在短暂的流行之后进入到了汉语词汇系统之中，这一部分的校园流行语就具有了稳定性。图2可以反映出流行语的产生发展的过程。

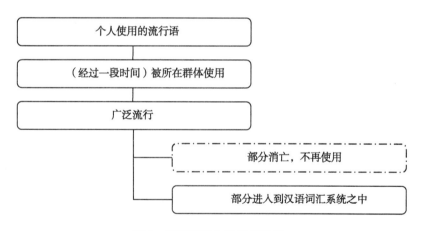

图2　流行语产生发展示意图

2. 多变性与模式性共存

我们把"蛮拼的"这一流行语的语义经常处于变动之中的现象称为多变性。流行语多在青少年中出现，这大概源于青少年在追求时尚、独特的创造力方面有自己独特的想法，并且他们敢于变现出自己的所想，喜欢标新立异。并且他们的交际面广，同学之间的交流频繁，社团活动和学习的压力大，使得处于一个群体中的他们有着较多的共同语言，容易产生群体认同的交际符号。这就促使"蛮拼的"等一类流行语有着丰富的语料来源和使用人群。青年学生乐于创造，"蛮拼的"在使用一段时间后，大家觉得索然无味，这时又会创造出或者从网络上获得新颖的语料来源，加之大众之间传播开来，就形成了具有一定的社会文化特色的网络流行语，这也是"蛮拼的"多变性的体现。

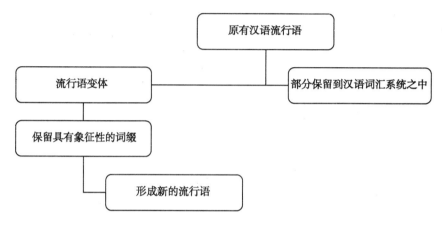

图3 流行语构词模式示意图

网络流行语的流行范围是不同的，有的流行范围广，有的流行范围窄。根据调查可以发现，除了一些常有的具有一定社会文化特色的流行语外，人们最常说的流行语多来自于网络上。随着现代网络技术的高速发展，各地之间人们的交流也愈发频繁，网民通过网络可以交流和沟通，这就使得流行语更加具有模式化，在原有的流行语基础上加以创造，形成了新的网络流行语。从图3中我们可以看出，新的网络流行语的构词模式。

3. 形式灵活性与内容幽默性

"××也是蛮拼的"这一流行语并不拘泥于语言本身的语法要求，在形式上更加具有灵活性。在词语的搭配上突破了原有的搭配原则，在任何的语境中，只要使用者认为"蛮拼的"可以表达自身的想法就可以运用。

随着网络的普及和人们知识水平的提高，大众作为较好知识积累的群体。在整个社会追求轻松、幽默气氛的大环境下，人们对幽默感的需求和认知表现得更为明显。人们用轻松幽默的话语风格来处理对他们来说比较尴尬、棘手或其他难以处理的事情。人们用风趣幽默的语言代替生硬的语言，增强了语言效果，如"贾君鹏，你妈妈喊你回家吃饭"。

有些学者认为，这些流行语是语言垃圾或语言污染。我认为，有些学者产生这样比较偏激的看法，主要是不了解现代网民的细微情况，他们只是从表面的语言形式上看问题，如果把流行语放到它使用的环境中去，看清楚它们的实际意思是什么，它们是怎样运用的，产生了怎样的交际效果，就不会这样评价了。网络流行语绝大部分是富于情趣的、有幽默气息的语言，也多是讲究技巧的、充满机智的语言，应该把这些别致的说法看作口语的修辞和创新，是口语富于生命力的体现；它们所使用的字眼虽然多是夸张化的，但是它们在使用时配合着亲切、友好、逗趣的音调、姿势和表情，所传达出的实际意思却是含蓄、委婉的，网络流行语多产生于一定的社会事件或一些具有权威性和公众性人物所说的话，这些流行语主要反映他们一定的思想行为和思维情绪，具有一定的引导性，特别是那些常被用于排遣不良情绪的网络流行语。那些反映不良倾向的流行语的出现，是与近年来的社会大环境息息相关的，它们会随着社会风气的好转会自然地减少使用或消失。

网络流行语作为网络文化的一个方面，彰显着大众对于社会文化的观点和看法。区别于传统的中国国人文化价值观里更多崇尚内敛、谨慎的文化习惯，"90 后"大学生在当代社会里更加追求彰显自我、展示个性、渴望独立的外向文化。从过去的"郁闷"到现在的"羡慕嫉妒恨"，透过这样的流行语变化不难看出广大网民更加清楚明了地表达着自己的情绪。在网络流行语的使用过程中也彰显着兼容并包、合作开放的文化态度。通过上文对"蛮拼的"的语义和语用效果的分析，我们可以发现"蛮拼的"只是网络流行文化中的一个缩影，在其流行的过程中，它的语义出现了一定的泛化，在不同的语境中，所表达的说话者的情绪也不尽相同。"蛮拼的"之所以会走红，我们认为主要受港台方言、语言模因规律和语言使用者的使用心理和媒介因素等多方面的原因。整体流行性与局部稳定性、多变性与模式性共存、形式灵活性与内容幽默性是"蛮拼的"的主要语用效果，从这样的语言表达效果中，我们也可以看出网络流行语的具有什么样的表达效果。开放的社会环境、语言环境以及网络等传媒条件，为"蛮拼的"这一类网络流行语的发展提供了滋养的沃土，也使得网络流行语获得了充分发展的条件，与此同时，网络流行语的发展对于新时期文化建设有着重要的作用。

参考文献

［1］Edward Sapir. *Language*：*An Introduction to the Study of Speech* ［M］．Beijing：Foreign Language Teaching and Research Press，2002.

［2］布龙菲尔德：《语言论》，赵世开译，商务印书馆1985年版。

［3］仓理新：《研究流行语的社会文化意义》，《首都师范大学学报》2011年第2期。

［4］曹凤霞：《从流行语把握文化内涵及发展态势》，吉林大学文化园；教育部人文社会科学研究基金资助项目成果，项目编号：09YJA740024。

［5］曹顺娣：《南京地区大学生流行语研究》，东南大学，2007年。

［6］曾常红：《试论现代流行语流行的基本条件》，《华中科技大学学报》（社会科学版）2004年第2期。

［7］曾祥月：《网络流行语的文化解析》，安徽大学，2011年。

［8］陈琳霞、何自然：《语言模因现象探析》，《外语教学与研究》2006年第2期。

［9］陈松岑：《语言变异研究》，广东教育出版社1999年版。

［10］陈一民：《语言学层面的网络流行语解读》，《中南林业科技大学学报》（社会科学版）2008年第6期。

［11］陈原：《社会语言学》，商务印书馆2000年版。

［12］陈原：《语言和人》，商务印书馆2003年版。

［13］陈原：《语言与社会生活》，上海三联书店1980年版。

［14］陈岳：《网络语言交际特点初探》，新疆师范大学，2006年。

［15］戴庆厦：《社会语言学概论》，商务印书馆2004年版。

［16］单威：《"任性体"为何流行》，《语文建设》2015年第3期。

［17］高阳：《网络流行语中词语变异现象初探》，《理论界》2008年。

［18］高振东：《语言是活的东西》，《人民日报》1978年。

［19］郭玉锦、王欢：《网络社会学》，中国人民大学出版社 2005 年版。

［20］何自然、何雪林：《模因论与社会用语》，《现代外语》2003 年第 4 期。

［21］何自然：《语言中的模因》，《语言科学》2005 年第 6 期。

［22］侯敏：《关于新词语编年本编撰的思考》，《辞书研究》2010 年第 2 期。

［23］胡明扬、张莹：《70—80 年代北京青少年流行语》，《语文建设》1990 年第 1 期。

［24］胡培安：《流行语的语言学界定及特征》，《华侨大学学报》2012 年第 1 期。

［25］黄伯荣、廖序东：《现代汉语》（增订四版），高等教育出版社 2007 年版。

［26］黄涛：《近年大学生流行语与校园文化风尚——以中国人民大学校园流行语为例》，《衡水学院学报》2006 年第 4 期。

［27］劲松：《流行语新探》，《语文建设》1999 年第 3 期。

［28］亢世勇：《现代汉语新词语计量研究与应用》，中国社会科学出版社 2008 年版。

［29］乐晋霞：《青少年流行语的来源及其影响研究》，《山东省团校学报》2011 年第 3 期。

［30］李丹：《中学生流行语研究》，华中师范大学，2004 年。

［31］李婉：《公共事件类网络流行语的成因及影响探析》，辽宁大学，2012 年。

［32］李文靖：《小议"蛮拼的"》，《语文建设》2015 年第 4 期。

［33］李源春：《社会公共事件中的网络流行语研究》，湖南大学，2012 年。

［34］林赟：《从近年流行语看社会语用的语言用问题》，《咸宁学院学报》2011 年第 10 期。

［35］刘红曦：《论流行语》，《重庆工商大学学报》（社会科学版）2004 年第 1 期。

［36］刘润清：《西方语言学流派》，外语教育与研究出版社 1995 年版。

［37］栾慧：《2002—2008 年历年十大流行语比较研究》，黑龙江大学，2009 年。

［38］吕勇兵：《流行语的特点摭议》，《吕梁高等专科学校学报》2001 年第 4 期。

［39］马倩倩：《基于社会公共事件的网络流行语生成机制研究》，《云南社会主义学院学报》2014 年第 2 期。

［40］孟伟：《网络传播中语言符号的变异》，《现代传播》2002 年第 4 期。

［41］祁伟：《试论社会流行语和网络语言》，《语言与翻译》2002 年第 3 期。

［42］任容：《流行语背后的语言经济学》，《重庆大学学报》（社会科学版）2003 年第 5 期。

［43］任永辉：《大学校园流行语的类型及其特点探析》，《教育发展与研究》2008 年第 4 期。

［44］阮畅：《语言变异研究综述》，《唐山学院学报》2003 年第 1 期。

［45］沈怀兴：《汉语规范化求疵》，《语文建设》1992 年第 11 期。

［46］盛若菁：《网络流行语的社会文化分析》，《江淮论坛》2008 年第 4 期。

［47］松沁潞、徐先蓬：《大学校园流行语的分类及文化阐释》，《济宁学院学报》2007 年第 8 期。

［48］谭汝为：《词语修辞与文化》，天津古籍出版社 1998 年版。

［49］王希杰：《修辞学通论》，南京大学出版社 1996 年版。

［50］伍凌：《网络流行语的构成方式及形成原因》，《宁波广播电视大学学报》2009 年第 3 期。

［51］武瑞：《校园流行语研究》，华中师范大学，2007 年。

［52］武月锋、王川：《网络流行语的理论基础：理解阈限、文化属性与研究维度》，《阜阳师范学院学报》（社会科学版）2012 年第 3 期。

［53］夏丽虹：《就流行语看语言的创意性与趋同性》，《语文建设》1999 年第 2 期。

［54］夏中华：《关于流行语流行的基本理据的探讨——基于近三十年汉语流行语的考察与分析》，《语言文字应用》2010 年第 2 期。

［55］夏中华：《关于流行语性质问题的思考》，《语言文字应用》

2012 年第 2 期。

[56] 肖建安：《论语言的变化与变异规律》，《北华大学学报》（社会科学版）2000 年第 2 期。

[57] 徐朝晖：《当代流行语研究》，暨南大学出版社 2013 年版。

[58] 徐大明：《语言变异与变化》，上海教育出版社 2006 年版。

[59] 颜丹平：《网络语言初探》，上海外国语大学，2006 年。

[60] 杨建国：《流行语的语言学研究及科学认定》，《语言教学与研究》2004 年第 6 期。

[61] 杨文全：《流行语的界说与初步描写》，《新疆大学学报》2002 年第 2 期。

[62] 杨晓苏：《二十年间对大学生产生深刻影响的十句流行语》，《青年研究》1999 年第 7 期。

[63] 杨宜音：《中国社会心理学评论·第一辑》，社会科学文献出版社 2005 年版。

[64] 于根元：《网络语言概说》，中国经济出版社 2001 年版。

[65] 于根元：《应用语言学理论纲要》，华语教学出版社 1999 年版。

[66] 詹昌平：《当下中国草根文化流行语呈现特点解析》，《福建江夏学院学报》2013 年第 1 期。

[67] 张广纯、彭小兰：《青年流行语变化的文化透视》，《广东青年干部学院学报》2008 年第 10 期。

[68] 张琳娜：《公共领域视野下的网络流行语研究》，山东师范大学，2013 年。

[69] 张宁：《大学校园"流行语"的文化解读》，山西大学，2011 年。

[70] 张颖、马连湘：《流行语略论》，《学术交流》2003 年第 11 期。

[71] 章宜华：《语义学与词典释义》，上海辞书出版社 2002 年版。

[72] 赵佳：《社会流行语浅析》，《修辞学习》1994 年第 3 期。

[73] 中国互联网信息中心：《第 33 次中国互联网络发展状况统计报告》，2014 年。

[74] 周霜艳：《从社会语言学视角论网络语言》，武汉理工大学，2003 年。

[75] 周永惠：《新时期汉语语汇的变化》，《四川师范大学学报》（社会科学版）1999 年第 7 期。

后　记

我对流行语产生兴趣并着手研究始于十多年前。2002 年承担国家语委"十五"语言文字应用研究科研规划项目"流行语跟踪研究"（项目号为 YB105－63C），至 2006 年年底，基本完成计划规定的项目目标和任务。2007 年，项目成果之一《中国当代流行语全览》由学林出版社出版，并获辽宁省第十一届哲学社会科学成果奖二等奖。这一阶段的成果大体由两部分组成：一是编纂流行语辞典一部，二是围绕流行语理论发表了系列论文，但主要还是基于调查实践的流行语辞典编撰，理论研究还比较薄弱。不过，正是这一阶段语料的积累和对流行语研究兴趣的加深，使得我和课题组成员一直在思考流行语的理论问题，发表了多篇相关论文。

2011 年，我再次组织课题组，以"面向多种媒体的当代汉语流行语跟踪研究"为题，申请教育部人文社会科学研究项目，9 月批准立项（项目号为 11YJA7－40101）。在研究过程中，我们首先根据前期收集的语料确定流行语的范围，在此基础上，对每类流行语产生的过程进行梳理，分析其构成机制及其产生的动因；其次对多种媒体融合语境下的汉语流行语特点进行研究；再次，从外部探讨流行语的社会文化语用功能及认知等问题；然后，通过对现阶段汉语词语发展状况跟踪监测与对策研究，探讨流行语与语言发展规律、流行语与语言的规范和变异等问题；最后，通过上述研究建构流行语研究理论体系。

2012 年，以李宇明教授为首席专家的国家社科基金重大招标项目"新时期语言文字规范化问题研究"获批立项，我负责主持子课题"汉语词汇、语法、语用规范化的现状、问题与对策研究"。流行语规范问题自然也是其中内容之一。

在课题研究和本书撰写中，朱波博士承担了流行语的微机检索、提取和统计工作，同时撰写了第一章第六节"流行语的自动提取方法"。此外，还吸收了一些研究生参加，参与本书文献搜集和整理，并撰写部分内容的有：于金池、张芷瑜、邵影、王思懿、宁明明。

非常感谢中国社会科学出版社的任明先生，感谢他为本书出版付出的辛勤劳作。

夏中华

2016 年 5 月 30 日